サステナビリティ社会構築のための経済法
独占禁止法を中心に

山田朋生 著
Yamada Tomoki

唯学書房

まえがき

　サステナビリティは、国際連合の「環境と開発に関する世界委員会」（WCED）が1987年に発行した報告書によって広く知れ渡った。「サステナビリティ」（sustainability）とは、「持続可能性」又は「持続することができる」「将来の世代のニーズを満たす能力を損なうことなく、今日の世代のニーズを満たす」というものである。

　近年、「持続可能性」という言葉が徐々に浸透し重要視されはじめている。本書『サステナビリティ社会構築のための経済法』は、将来的な世界市場における市場の活性化及び公正な取引の維持という命題で、世界の市場を持続させ、市場の失敗を発生させることなく安定して機能させる役割を果たしている「経済法」という法規範の重要性及び存在をテーマとしている。

　国内外の企業において独占禁止法違反が社員によってなされ、それに伴い企業に多額の課徴金が課されるケースが増えてきている。諸外国の競争当局（公正取引委員会）では、相次いで独占禁止法違反をした企業に対し制裁として史上最高額の課徴金を課す傾向にある。日本においても海外の競争当局に追従して課徴金が高額化しており、その深刻化が懸念されている。しかしながら、日本の企業に雇われている会社員が、独占禁止法の基本的内容、理念を理解して、日々の経済活動を行っているかというと、そうとは限らない。欧米と比較すると、日本における独占禁止法の認知度、コンプライアンス意識は、①独占禁止法が米国反トラスト法に倣って1947年に制定されてから、他の法律と比べてまだ日が浅いこと、②今もなお、談合違反が相次いで発覚していることから、低いといっても過言ではない。そこで、本書の第1章〜第4章では、まず独占禁止法の大枠を概観した上で、主として経済法の一端である独占禁止法を巡る各業界の諸事例と公正取引委員会の役割について

言及した。次に、第5章以降では、経済法全般（主として、独禁法及び関連法）において企業に勤めている社員の法令遵守（コンプライアンス）指導及び教育の必要性について言及した。

　近年、「独占禁止法コンプライアンス・プログラム」の創設により、市場を介して営利を目的として経済活動をする企業にとっては、社会法に分類される経済法、特にその中でも独占禁止法におけるコンプライアンスの周知徹底指導（教育）が、企業の社会的命運を分けるまでの存在となっている。通常、市場の中で事業活動を行っている企業の最終目的は営利の追求、利益の最大化であるために、行き過ぎた事業活動によりたびたび法律違反をすることがある。独占禁止法の場合には、公正取引委員会が「私的独占」「不当な取引制限」「不公正な取引方法」に企業が違反しないようにガイドラインを掲げて監視をしている。しかし、企業の独占禁止法違反行為がいまだに行われている現状を考慮して、近年では公正取引委員会が企業内における法令遵守向上を目的として、企業に対する「独占禁止法コンプライアンス・プログラム」という重要な施策に取り組んでいる。さらに、経済法の中でも独占禁止法に続いて今後ますます重要になってくるであろう、「景品表示法コンプライアンス・プログラム」の創設の必要性についても提言している。そこで、本書では、企業倫理の低下に伴い、企業が独占禁止法違反をしてしまった事例を取り入れながら、その損害・責任及び企業における独占禁止法対策の重要性を論じる。以上のことから、本書は社会的に要請されるサステナビリティ社会構築のための礎となる経済法全体の役割と将来において重要となってくる企業倫理の展望を示す役割を担っている。

　なお、本書を刊行するにあたって、唯学書房の皆様ならびに勅使河原由紀先生と武田晴彦先生の御協力に、この場をもちまして感謝申し上げます。

2018年7月

山田　朋生

目　　次

まえがき　iii

第1章　持続可能性社会における独占禁止法の役割　1
I　独占禁止法の役割　1
1. 「私的独占の禁止及び公正取引の確保に関する法律」の概要　1
2. 独占禁止法上の3本柱とは　3

第2章　独占禁止法適用除外の性格と範囲　7
I　独占禁止法適用除外とは　7
II　消費税転嫁カルテルと独占禁止法のこれまでの経緯及び動向　11
1. はじめに　11
2. 消費税等の問題　13
3. 消費税カルテル問題　33
4. 消費税カルテルに対する国の対応　44
5. おわりに　57

第3章　ICT業界と独占禁止法　65
I　携帯電話市場における諸問題　65
II　独占禁止法と高度情報政策（MNP制度）　67
1. はじめに　67
2. 携帯電話市場における諸問題　72
3. 総務省の対応・方針　74
4. 新制度の仕組み及び影響　77
5. 高度情報政策の今後　81

6 おわりに　87
　Ⅲ　ICT業界と独占禁止法の今後の動向　88

第4章　独占禁止法の今後の動向　95
　Ⅰ　フランチャイズ契約と独占禁止法　95
　　1 はじめに　95
　　2 フランチャイズ契約における独占禁止法上の問題点　95
　　3 独占禁止法におけるフランチャイズ契約に関する事例　97
　　4 学説の動向　101
　　5 本判決についての私見　102
　Ⅱ　公正取引委員会と消費者庁の動向　103
　　1 政府（公正取引委員会、国会、中小企業庁）の対応　103
　　2 国会（参議院）の対応　106
　　3 中小企業庁の対応　106

第5章　経済法とコンプライアンス　109
　Ⅰ　コンプライアンスの淵源　109
　Ⅱ　企業とコンプライアンスの関係について　109
　Ⅲ　企業における法令遵守対策と公正取引委員会の動向について
　　　――独占禁止法上の私的独占事例を中心として　110
　　1 はじめに　110
　　2 私的独占　111
　　3 私的独占規制における「排除型」と「支配型」がある判例　113
　　4 私的独占違反行為に対する公正取引委員会の対策　114
　　5 おわりに（私見）　115
　Ⅳ　独占禁止法コンプライアンス・プログラムの必要性　115
　Ⅴ　独占禁止法コンプライアンスにおける諸問題　116
　　1 私的独占における規制の諸問題について　116
　　2 私的独占規制における独占禁止法上の5つの要件　116

    3 関連省庁（消費者庁、公正取引委員会）による
       当該違反行為に対する対応　122
    4 おわりに（私見）　123

第6章　景品表示法コンプライアンス・プログラム
　　　　創設の必要性　131
   I　景品表示法コンプライアンスにおける諸問題　131
   II　企業における景品表示法違反事例　131
   III　景品表示法コンプライアンス・プログラム創設の必要性について　134
    1 はじめに　134
    2 本書テーマの独創性・必要性について　135
    3 市場における競争活動の構造（社会法からの側面）　136
    4 景品表示法コンプライアンス・プログラム創設（作成）の必要性　137
    5 本章の目的　138
    6 コンプライアンスとは（根源・歴史）　139
    7 企業倫理とは　140
    8 企業倫理の必要性　141
    9 都道府県・公正取引委員会・消費者庁・民間企業による
       当該違反行為に対する対策　142
    10 今後の課題（私見）　142

第7章　法令遵守及び企業倫理　147
   I　課徴金とリニエンシー制度の役割について　147
   II　持続可能性社会における経済法の今後の展望　148

巻末資料1　独占禁止法及び景品表示法の改正の歴史　149
    1 独占禁止法の沿革　149
    2 近年の独占禁止法における重要な改正　157
    3 景品表示法の沿革　158

巻末資料2　独占禁止法の排除措置命令・警告及び
　　　　　審判・審決関係一覧　161
　　1　独占禁止法（排除措置命令・警告等）　161
　　2　審判・審決関係　167

初出一覧　173

第1章
持続可能性社会における独占禁止法の役割

Ⅰ 独占禁止法の役割

1 「私的独占の禁止及び公正取引の確保に関する法律」の概要[1]

　私的独占の禁止及び公正取引の確保に関する法律(以下、「独占禁止法」と略記)は、その第1条で、「この法律は、私的独占、不当な取引制限及び不公正な取引方法を禁止し、事業支配力の過度の集中を防止して、結合、協定等の方法による生産、販売、価格、技術等の不当な制限その他一切の事業活動の不当な拘束を排除することにより、公正且つ自由な競争を促進し、事業者の創意を発揮させ、事業活動を盛んにし、雇傭及び国民実所得の水準を高め、以て、一般消費者の利益を確保するとともに、国民経済の民主的で健全な発達を促進することを目的とする」と規定している。つまり、市場という枠の中で事業者及び事業者団体(企業など)が、消費者(顧客)獲得のために事業活動を行うに当たって守るべきルールを定め公正かつ自由な競争を妨げる行為を規制し、市場における競争秩序を維持し機能させるために、独占禁止法が制定されたのである。

　市場における①公正取引委員会、②事業者、③消費者の関係は、取り締まる側が①公正取引委員会であり、取り締まられる側が、②事業者及び事業者団体[2]である。③消費者は、世の中に存在する様々な市場の中から、それぞれが欲しい商品がある市場に行き、そこで競争をしている事業者の中から

図表 1-1　独占禁止法の概要

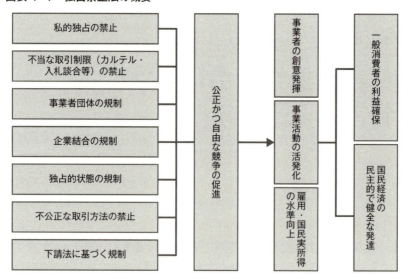

(出所) 公取委「知ってなっとく独占禁止法」(各種パンフレット) より一部抜粋
(http://www.jftc.go.jp/houdou/panfu.files/dokkinpamph120514.pdf)

商品を選び購入することで、市場は機能し成り立っている。スポーツなどの競技で例えるならば、競技場が市場であり、①公正取引委員会が審判であり、②事業者が選手であり、球技で使われる球（ボール）が③消費者ということになる。そして、競技は公正に行われる必要があり、必ずルール（規則）というものが存在する。そのルールが独占禁止法ということになる。

独占禁止法は、主に、①私的独占、②不当な取引制限、③不公正な取引方法という3つの主要な行為を規制の対象として禁止しており、これらは独占禁止法上で禁止されている規制対象の3本柱と呼ばれている。また、専門家及び研究者によっては、④M&A（企業結合）を入れて4本柱[3]と呼ぶこともある。

独占禁止法に違反した事業者に対しては罰則として、排除措置命令、課徴金納付命令などが行われ、場合によっては刑罰が科せられることもある。

2 で、独占禁止法の規制対象である3本柱について、それぞれ概観して

いきたい。

2 独占禁止法上の3本柱とは [4]

　まず、独占禁止法の1つ目の規制対象である「私的独占」[5]では、市場を独占しようとする行為を禁止している。私的独占は、独占禁止法第3条前段で禁止されている行為である。例えば、ある市場を少数の事業者だけで、独占・寡占している状態になると、競争が正常に機能しにくくなるので、私的独占を規制することにより事業者による不当な手段による市場の独占や、そのような状態を維持しようとする行為を禁止している。事業者が、単独又は他の事業者と談合・カルテルを組み、不当な低価格販売、差別対価による販売などの手段で、競争他社を市場から排除したり、新規参入事業者を妨害して市場を独占しようとする行為は「排除型私的独占」として禁止されている。また、有力な事業者が、株式の取得、役員の派遣などの手段で、他の競争他社の事業活動に制約を与えて、市場を支配しようとする行為も「支配型私的独占」として禁じられている。ただし、良質・廉価な商品を提供する事業者が正当な競争の結果として、市場を独占するようなことになった場合は、独占禁止法上、違法とはならない。

　私的独占上、主に次の①～⑤の要件をすべて満たす事業分野は、独占状態にあると考えられている。

　　①年間供給額1,000億円を超える規模の事業分野
　　②首位1社が50％超、又は上位2社が75％超のシェア（＝市場占有率）
　　③他の事業者の新規参入が困難
　　④需要やコストが減っても価格が下がらない
　　⑤利益又は広告費などの支出が過大

　次に、独占禁止法の2つ目の規制対象である「不当な取引制限」[6]では、事業者が共同して競争を制限することを禁止している。不当な取引制限は、独占禁止法第3条後段で禁止されている行為である。この不当な取引制限に該当する行為には、カルテルと談合（入札、官製）がある。カルテルとは、事業者又は業界団体の構成事業者が競争他社と連絡を取り合い、通常であれば各

事業者がそれぞれ個別自主的に決めるべき商品の価格や販売・生産数量などを共同で取り決める行為のことをいう。入札談合とは、国や地方公共団体などの公共工事や物品の公共調達に関する入札に際し、前もって受注事業者や受注金額などを決めてしまう行為のことをいう。これらの不当な取引制限を規制することによって、カルテルや入札談合を全面的に禁止している。

不当な取引制限上、主に次の①～④の行為が禁止されている。

　①カルテル
　②入札談合
　③国際カルテルへの参加
　④事業団体への活動

最後に、独占禁止法の3つ目の規制対象である「不公正な取引方法」[7]では、公正な競争を阻害するおそれ（＝公正競争阻害性）のある行為を禁止している。市場を活性化するためには、事業者が相互に競争他社よりも良質・廉価な商品を提供しようと公正な競争を行うことが大切である。そのため、不公正な取引方法を禁止することによって自由な競争の妨げとなる行為や競争の基盤を侵害しようとするような行為を禁止している。不公正な取引方法は、独占禁止法第19条で禁止されている行為である。また不公正な取引方法は、①自由な競争が制限されるおそれがあること、②競争手段が公正とはいえないこと、③自由な競争の基盤を侵害するおそれがあることといった観点から、公正な競争を阻害するおそれがある場合に禁止されている。

不公正な取引方法については、公正取引委員会の告示によってその内容が指定されている。この指定には、一般指定（すべての業種に適用）と、特殊指定（特定の事業者・業界を対象とする）があり、一般指定条項で挙げられている不公正な取引方法は、15項目にわたっている。特殊指定条項は、大規模小売業、物流業、新聞業の分野で適用されている。

不公正な取引方法上、主に次の①～⑮の項目が一般指定条項（15項）として禁止されている。なお、旧一般指定の14項に位置していた、優越的地位の濫用の項目については、現行法上では重要条項として一般指定条項から独立して独占禁止法第2条第9項第5号に格上げされている。

①共同の取引拒絶
②その他の取引拒絶
③差別対価
④取引条件等の差別取扱い
⑤事業者団体における差別取扱い等
⑥不当廉売
⑦不当高価購入
⑧ぎまん的顧客誘引
⑨不当な利益による顧客誘引
⑩抱き合わせ販売等
⑪排他条件付取引
⑫拘束条件付取引
⑬取引の相手方の役員選任への不当干渉
⑭競争者に対する取引妨害
⑮競争会社に対する内部干渉

以上が、独占禁止法において規制対象の3本柱と呼ばれる禁止行為である。

註

1 公正取引委員会「知ってなっとく独占禁止法」(http://www.jftc.go.jp/houdou/panfu.files/dokkinpamph120514.pdf) に詳細な解説がある。
2 独占禁止法第2条第1項は、同法が適用される事業者の範囲について、「この法律において『事業者』とは、商業、工業、金融業その他の事業を行う者をいう。事業者の利益のためにする行為を行う役員、従業員、代理人その他の者は、次項又は第3章の規定の適用については、これを事業者とみなす」と規定している。
3 主として、企業結合（M&A）の案件を業務上や学問上で生業にしている独占禁止法専門家に提唱されている方々が多い。
4 前掲、註1を参照。
5 私的独占の規制（禁止）については、独占禁止法第3条「事業者は、私的独占又は不当な取引制限をしてはならない」の前段に明文の規定が明記されている。
6 不当な取引制限の規制（禁止）については、独占禁止法第3条「事業者は、私的

独占又は不当な取引制限をしてはならない」の後段に明文の規定が明記されている。
7 なお、不公正な取引方法の定義については、独占禁止法第2条第9項が規定している。

第2章
独占禁止法適用除外の性格と範囲

I　独占禁止法適用除外とは

　日本が国際社会の仲間入りをするに伴って、消費税が導入（1989〔平成元〕年4月から3％、1997〔平成9〕年4月から5％、2014〔平成26〕年4月から8％〔現在〕）されてもなお、経済を活性化し、持続可能な社会を実現するためには、どうすればよいのか。経済活動を行う事業者にとって、経済法上の重要な課題（問題）となっている。

　適用除外（制度）は、独占禁止法第1条に明記されているように、市場における「公正且つ自由な競争を促進し、事業者の創意を発揮させ、事業活動を盛んにし、雇傭及び国民実所得の水準を高め、以て、一般消費者の利益を確保するとともに、国民経済の民主的で健全な発達を促進すること」を達成目的とした上で、「私的独占、不当な取引制限及び不公正な取引方法を禁止し、事業支配力の過度の集中を防止して、結合、協定等の方法による生産、販売、価格、技術等の不当な制限その他一切の事業活動の不当な拘束を排除」しつつ、その一方で、政府が掲げる様々な経済政策における目的を達成させようとする立場（見地）から、特定の分野における一定の事業（者）行為につき、独占禁止法における禁止規定等の適用を除外する制度が設けられている。

　この適用除外（制度）は、独占禁止法創設以来、個々の事業者において効率化への努力が十分に行われず、事業活動における創意工夫の発揮が阻害される場合もありうることから、その時代の産業を育成・強化し、国際競争力

を強化するべく企業経営の安定、合理化等を達成するため、各産業分野において設けられている。近年の世界経済が国際化に伴い、政府規制の変化と同様に適用除外（制度）の必要性も変化し、その都度、現在に至るまで見直しが行われてきた。

〈適用除外の見直し[1]〉

　当初からの適用除外（制度）に関しては、①旧独占禁止法第21条の、「自然独占に固有の行為」（電気事業やガス事業等における自由化を踏まえた、その性質上当然に独占となる事業に固有な行為）に関する適用除外規定が、2000（平成12）年6月19日、平成12年法律第76号により削除され、②旧独占禁止法第24条の3の、不況カルテル「不況に対処するため生産者等が行う生産数量、販売数量、設備の制限又は対価の決定に関するカルテル」、旧独占禁止法第24条の4の、「企業の合理化を遂行するため特に必要がある場合において、生産業者等が行う技術若しくは生産品種の制限等のカルテル（合理化カルテル）」の制度・規定[2]が、1999（平成11）年7月23日、「私的独占の禁止及び公正取引の確保に関する法律の適用除外制度の整理等に関する法律」（平成11年法律第80号）により廃止され、③適用除外法（昭和22年法律第138号）も、この適用除外整理法により廃止され、④個別法に基づく適用除外等を設けて適用除外を規定してきた。しかし、その後時代の流れに伴って法律の廃止及び規定の削除等の措置がとられるようになり、上述した諸々の当該措置により、1995（平成7）年度末において30法律と89制度存在した適用除外は、2012（平成24）年度末現在において14法律と18制度まで縮減された。

〈現行の適用除外制度〉

　独占禁止法第8条は、事業者団体の競争制限的又は競争阻害的な行為を禁止しているが、一定の場合に独占禁止法の適用を除外している。現行においては、独占禁止法に基づく適用除外と個別法に基づく適用除外について、根拠規定が設けられている。

〈条文〉
　独占禁止法第8条[3]は、「事業者団体は、次の各号のいずれかに該当する行為をしてはならない」と規定し、事業者団体の禁止行為を同条1号から5号に列挙している。一方、第21条[4]は、「この法律の規定は、①著作権法、特許法、実用新案法、意匠法又は商標法による権利の行使と認められる行為にはこれを適用しない」とし、第22条[5]は、「この法律の規定は、……②組合……の行為には、これを適用しない」とし、第23条[6]は、「この法律の規定は、……③再販売価格……を決定し、これを維持するためにする正当な行為については、これを適用しない」と規定している。

　すなわち、現行においては、下記①～④までの行為が適用除外とされている。適用除外の規定をどう解釈するかについては諸説あるが、ここでは当該規定がどういうものであるかということだけを解説したい。

〈独占禁止法〉
　①知的財産権の行使行為（第21条）
　②一定の組合の行為（第22条）
　③再販売価格維持契約行為（第23条）
〈独占禁止法以外〉
　④個別法に基づく適用除外（個別法）

〈独占禁止法に基づく適用除外〉
①知的財産権の行使行為（第21条）[7]
　知的財産権である、著作権法、特許法、実用新案法、意匠法又は商標法による権利の行使と認められる行為については、独占禁止法の適用が除外される。もっとも、技術の利用に係る制限行為のうち、そもそも権利の行使とはみられない行為及び知的財産制度の趣旨を逸脱し、又は同制度の目的に反すると認められる場合は、これらの権利の行使とみられる行為であっても、同条は適用されず、独占禁止法の原則規定が適用される。

また、公正取引委員会は、当規定について「知的財産の利用に関する独占禁止法上の指針（改正：平成22年1月1日）」を策定し、運用基準を明示している。したがって、知的財産権の行使行為が独占禁止法の適用除外となるかどうかは、上記指針に照らして判断されることになる。

② 一定の組合の行為（第22条）[8]
　小規模の事業者が単独では大規模の事業者に対抗できない場合に、別の小規模の事業者と団結して相互扶助を図り、市場において有効な競争規模を確保しようとして、協同組合（連合会）が設立されることがある。この場合、同条の第1～第4号の要件を備えると、独占禁止法の適用が除外される。ただし、不公正な取引方法を用いる場合又は一定の取引分野における競争を実質的に制限することにより不当に対価を引き上げることとなる場合は、適用除外は認められない。
　また、公正取引委員会は、当規定についても上記指針で運用基準を明示している。前条と同様に、独占禁止法の適用除外となるかどうかは、上記指針に照らして判断されることになる。

③ 再販売価格維持契約行為（第23条）[9]
　再販売価格維持契約とは、商品の供給者が当該商品の取引先である事業者に対して転売する価格を指示し、これを遵守させる契約行為であり、再販行為は、原則として不公正な取引方法（再販売価格の拘束）に該当し、独占禁止法第19条に違反する。その一方で、独占禁止法第23条の規定に基づき、公正取引委員会が指定する商品及び著作物を対象とする「再販売価格を決定し、これを維持するためにする正当な行為」については、例外的に独占禁止法の適用を除外されている。もっとも「一般消費者の利益を不当に害することとなる場合」及び「その商品を販売する事業者がする行為にあってはその商品を生産する事業者の意に反してする場合」及び「消費者・勤労者の互助を目的とする消費生活協同組合等の団体に対して販売する場合」は適用除外とならない。事業者が当該規定の届出をする場合には、再販売価格維持契約の届

出に関する規則（最終改正：平成13年3月15日公正取引委員会規則第4号）に従って手続をしなければならない。

また、公正取引委員会は、当規定について「流通・取引慣行に関する独占禁止法の指針（最終改正：平成23年6月23日）」を策定し、運用基準を明示している。前条と同様に、独占禁止法の適用除外となるかどうかは、上記指針に照らして判断されることになる。

〈独占禁止法以外〉
④個別法に基づく適用除外[10]

個々の適用除外ごとに設けられた一定の要件・手続の下で、当該事業の特殊性及び地域住民の生活に必要な手段を確保するため等の様々な理由により、特定のカルテルは、不公正な取引方法に該当する行為が用いられた場合等を除き、適用除外カルテルとして例外的に許容される場合がある。適用除外カルテルの認可に当たっては、一般に、公正取引委員会の同意を得て、又は当委員会へ協議若しくは通知を行って、主務大臣が認可を行うこととなっており、積極的要件・消極的要件を充足することがそれぞれの法律により規定されている。

独占禁止法以外の個別の法律において、特定の事業者又は事業者団体の行為について独占禁止法の適用除外を定めているものとしては、2012（平成24）年度末以来、保険業法等14の法律及び航空カルテル等18の制度[11]がある。

Ⅱ 消費税転嫁カルテルと独占禁止法のこれまでの経緯及び動向

1 はじめに

本章は、消費税カルテルに対する独占禁止法、その適用除外の性格と範囲について検討することを目的としている。その際、こうした議論を論じる過程の前提となる消費税あるいは消費税法はいかなるものであるか、また企業

主権（企業本位主義）の問題について吟味し、あわせて、適用除外問題や転嫁問題を国・企業・消費者間において述べ、独占禁止法及び消費税法等に類する法律の視点から、それらの様々な在り方（理論）について検討する。

　近年において、企業が巨大化し、また強大な力や影響力を持つようになってから、それらの企業が自社の商品の販売等をすることによって、商品販売時に生じる消費税により国家に対して些少なりとも貢献している。このことから企業は多少なりとも国に対して無言の影響力や圧力を与えることになっているのではないかと私は考える。なぜなら、巨大企業の利益が大きければ大きいほど企業以外の第三者（消費者、国）に対して影響力を及ぼせるからである。私は、前述の意見から、消費税カルテル問題を主とし、それらの関わりを企業（最終納税者側）対国（課税者・規制側）対消費者（納税者）のトライアングルともいうべき関係ではないかと思う。

　いうまでもなく、消費税カルテルにおいて、独占禁止法第2条第6項は、カルテルについて定義をし、同法第3条後段は、カルテルを「不当な取引制限」として「禁止」をしている。これは、カルテルは一定の取引分野における（＝市場）競争を実質的に制限するものであり、消費者側（ユーザー）の選択の自由を阻害し利益を侵害するからである。しかし、これは原則であって、例外扱いが行われる場合もある。そうした例外扱いがなされる場合が、消費税法附則（平成3年）第2条のように、国によりカルテル行為が許容される場合である。なぜ、企業間でのカルテル行為が認可されるかというと、例えば一定の市場において企業が商品を販売する際に、消費者（ユーザー）を奪い合うために価格を大幅に低下させ（ダンピング）、ひいては企業そのものの存続が危機に陥ることがありうる。そのような危機的事態に陥らないために、一定の条件のもとでカルテルが許容されるのである。

　そのため消費税転嫁カルテルにおいては、消費税におけるカルテル（競合）行為の対応策として消費税法附則第2条で、一定条件下でのみカルテル行為が許容される規定が存在するのである。以上のことから、私は消費税転嫁カルテル問題において、一定条件のもとで、企業間のカルテル行為が国により許容される場合と許容されない場合を考察し、企業（最終納税者側）対国（課税者・

規制側）対消費者（納税者）の関係等、いわゆる相互の力（影響力や圧力）関係を企業主権という観点をも取り交えながら考察していく。

2 消費税等の問題

2-1 消費税の歴史

まず、消費税転嫁カルテルを論ずる前に消費税とは何であるかという定義から論ずる。消費税の 10 年の経緯を述べると、1989（平成元）年 4 月に消費税が導入されてから 10 年あまりが経過した 1998（平成 10）年度の数値（補正後）によれば、我が国の税収は国税、地方税を合わせて 90 兆円あまり、所得・消費・資産課税の比率はそれぞれ 53％、32％、16％となっている。そのうち、国税だけでは総額 52 兆円弱、同じく課税ベースごとの比率は 56％、40％、4％となっている。消費税は近年、国税の 20％を占めるようになり、法人税とほぼ並ぶ存在になっているのである[12]。

消費税の性格としては以下のものが挙げられる。

1 つ目としては、「消費に広く公平に負担を求める税」であり、消費税は、特定の物品、サービスに課税する個別消費税とは異なり、消費に広く公平に負担を求めるという観点から、金融取引、資本取引、医療、福祉、教育等の一部を除き、ほとんどすべての国内取引や外国貨物（輸入取引）を課税対象として、1997（平成 9）年以降は 4％（1997〔平成 9〕年 3 月 31 日までは 3％）の税率で課税される間接税であり、地方消費税と合わせた負担率は 5％（1997〔平成 9〕年当時）となる（国内において事業者が事業として対価を得て行う資産の譲渡、資産の貸付け及び役務の提供並びに輸入品が課税対象となり、消費税が課される）[13]。

2 つ目としては、「消費者に転嫁し、税の累積を排除する仕組み」であり、消費税は、事業者に負担を求めるのではなく、税金分は事業者の販売する物品やサービスの価格に上乗せされ、次々と転嫁され、最終的には消費者に負担を求めるという価格転嫁のメカニズム[14]が生じる税である。また、生産、流通の各段階で二重、三重に税が課されることのないよう、売上げに係る消費税額から仕入れに係る消費税額を控除し、税が累積しない仕組みがとられている。

3つ目としては、「事務負担の軽減措置等」であり、3つの制度がある。まず、①事業者免税点制度について、基準期間(個人事業者は前々年、法人は前々事業年度)の課税売上高が3,000万円以下の事業者は、免税事業者になる。ただし、還付が発生すると見込まれる事業者は選択により課税事業者になることができる。次いで、②簡易課税制度について、基準期間の課税売上高が2億円以下(1997〔平成9〕年3月31日までに開始する課税期間については4億円以下)の事業者については、課税売上高のみから納付税額を計算できる簡易課税制度を選択することができる。最後に、③帳簿書類による前段階税額控除（仕入税額控除）制度について、仕入れに係る消費税額の計算は、帳簿上の記録及び請求書等をもとに行うことができ、帳簿及び請求書等の保存がない場合は、仕入税額控除は認められない。以上が消費税の性格として代表的なものである。

　次に消費税の基本的仕組みについて述べる。課税期間に納付すべき消費税額は、次の計算式により算出する。

> ・納付税額＝課税期間中の課税売上げに係る消費税額－課税期間中の課税仕入れ等に係る消費税額[15]

　消費に負担を求める税としての性格上課税の対象とすることが相当でないものは、非課税とされている。また、社会政策的な配慮に基づき、医療、福祉、教育等の分野の一定のものに限り非課税とされているが、非課税取引は、消費全般に広く公平に負担を求めるというこの税の性格上、極めて限定されている。その他にも、免税取引等がある。

　消費税の課税範囲としては、①事業者が国内において行う課税資産譲渡等（いわゆる国内取引）及び②保税地域から引き取られる外国貨物（いわゆる輸入取引）を課税の対象としている。

　まず国内取引の課税の対象としては、国内において事業者が行う課税資産の譲渡等がある。この場合の課税資産の譲渡等とは、事業として対価を得て行われる資産の譲渡、資産の貸付け（資産に係る権利の設定その他、他の者に資産を使用させる一切の行為を含む）及び役務の提供で、消費税法第6条第1項（非課税）

の規定により非課税とされるもの以外のものをいうこととされている（同法第2条第1項8、9、同条第2項、同法第4条第1項）。したがって、国内取引の場合には、次のいずれをも満たす取引が消費税の対象となる。

> ①国内において行うものであること
> ②事業者が事業として行うものであること
> ③対価を得て行われるものであること
> ④資産の譲渡、資産の貸付け又は役務の提供であること

　上記の①〜④までのように、消費税は国内で消費される財貨やサービスに対して負担を求めるものであることから、国内において行われる取引のみが課税の対象とされるのである。

　また、次に本章の問題でもある税額の転嫁についていえば、商品の表示価格に消費税額及び地方消費税額の合計額（消費税額等）に相当する額を含めていない場合（外税方式）で、税額を別に決済する場合には、代金決済の段階では商品本体の価格に5％（1997〔平成9〕年当時）を乗じた金額を消費税額等に相当する額として、その1円未満の端数を処理することとなる（消費税法規則第22条第1号）。したがって、消費税額等を転嫁するに当たっては、レジや伝票の表示も税率を5％（1997〔平成9〕年当時）として処理することとなるのである[16]。

　先にも述べたように、消費税は特定の物品やサービスに課税する個別消費税とは異なり、消費に広く公平に負担を求めるという観点から、金融取引や資本取引、医療、福祉、教育の一部を除き、国内におけるほとんどすべての物品やサービス及び保税地域から引き取られる外国貨物を課税の対象として、取引の各段階ごとに5％（1997〔平成9〕年当時）の税率で課税される間接税である[17]。

　消費税の構造としては、事業者に負担を求めるのではなく、税金分は事業者の販売する商品やサービスの価格に上乗せされて、次々と転嫁[18]され、最終的には商品を消費し、又はサービスの提供を受ける消費者が負担するこ

ととなるものである。

　さらに生産、流通の各段階で二重、三重に税が課されることのないよう、課税売上げに係る消費税額から課税仕入れ等に係る消費を控除し、税が累積しないような仕組みがとられている。納税義務者は製造、小売、サービス等の各段階の事業者や保税地域からの外国貨物の引取者とされている[19]。

　極めて多様な消費課税のタイプとして、今日の税制改革論議を踏まえ、課税ベースが「消費」である租税を広く消費課税と定義すれば、消費課税には実に多くのタイプがあるだけでなく、所得課税との区別も実は明確ではなくなる[20]。例えば、消費課税といえば、転嫁を想定した間接税という常識に反して、支出税は転嫁が想定できない個人納税（消費者納税）の直接税であり、所得税と同様に課税最低限や累進税率の採用も考慮されている。さらに、生涯においてという視点では、貯蓄控除型の本来の支出税と貯蓄収益非課税型の労働所得税との違いは課税のタイミングだけとなり、消費課税と所得課税との厳密な区別は難しくなる。

　間接税タイプの消費課税に焦点を絞っても、対象を付加価値税に限定するのは税制の現状及び将来の見通しからみて必ずしも適切ではない。例えば、付加価値税の課税対象の一般性ないし包括性に比較して、酒税、たばこ税、ガソリン税などは個別消費等の中立的な消費課税とされるが、その税制上の地位は確かに低下しつつあるとはいえ、今日においても決して無視しうる存在ではない。また、同じ累進課税排除タイプの消費課税でも、多段階課税の付加価値税の現実的な優位性が常に主張できるわけではない。多段階課税に固有の国境税調整の必要性、仕入税額控除の仕組み、付加価値発生地等を考慮すれば、地方税として消費課税を考える場合には、租税論的には個別消費税あるいは小売売上税のほうがふさわしい。また、財・サービス[21]の価格形成において市場は外部経済の内部化に失敗しているため、市場価格を課税標準とする従価税の相対価格に対する社会的な中立性がそもそも保証されないからであり、従価税の中立性は外部費用を内部化するピグー型の従量税課税をむしろ基礎としているのである。

　環境税の理論的な検討は、環境問題上では、地球温暖化対策としての炭素

税の導入論議を通じて、従量税の中立性に再評価の気運が高まっていることに注意を喚起しておきたい。

消費課税と資産移転課税の関係についていえば、近年、「税体系における所得・消費・資産等に対する課税のバランス」という文言が直間比率の是正と同じくらい頻繁に用いられているが、このように所得・消費・資産という課税ベースは同列に扱われるべきであろうか。以下、資産性所得（利子・配当などの貯蓄、資産等のキャピタル・ゲイン）を所得ベースに含めて、簡単な生涯モデルで議論すれば、所得＝消費＋貯蓄、そして、貯蓄＝消費＋資産移転であるから、結局、生涯においての算式としては以下のようになる。

- 所得＝消費＋資産移転（贈与・遺産）

この場合、貯蓄をすべて消費に充填すれば、つまり資産移転をゼロとすれば所得＝消費となり、帰属家賃・地代課税の代替課税、あるいは、土地・住宅対策のための経済政策手段と位置付けられる資産保有課税を除き、資産は課税ベースに登場しない。しかし、実際にも生涯において消費されなかった貯蓄部分、すなわち、贈与や遺産という資産移転が残されるため、資産が消費の補完的な課税ベースとして登場することになる。ただし、生涯モデルではなく、いわゆる王朝モデルをとるならば、資産移転がどのような規模で行われようと、いずれ子供、孫などの将来世代で消費に充てられたときに消費課税が適用されればよく、資産ベースが登場する余地はない。現実問題としては、非課税の無償資産移転を許容し、富の集中と機会の不平等を強める王朝モデルに正当性は認め難いが、資産移転課税の根拠に疑問を投げかける租税論としては留意しておく必要がある。

このように、基本的な課税ベースの選択は所得か消費かの選択ではあるが、所得課税と異なり、消費課税それ自体が必ずしも自己完結的ではないため、消費課税については、補完的な資産移転課税との一体的な議論が必要となるのである。

ところが、消費課税の論議では、望ましい課税という観点からの所得課税

との比較、あるいは、消費課税自体の検討に関心が集中しており、資産移転課税を消費課税の一環と自覚的にとらえる姿勢は希薄である。

例えば、消費課税のウェイトの増大が貯蓄の促進、ひいては資産移転の促進という納税者の行動に誘因を与える可能性が高いとすれば、公平確保の観点からは資産移転課税の強化が不可欠であることは自明の理であるにもかかわらず、一般に資産移転課税の論議は消費課税から切り離されているため、消費課税の強化と資産移転課税の緩和という矛盾した議論が同時に行われることも珍しくないのである[22]。

なお、消費税については様々な意見があり、例えば、消費税は日本には合わないとして、廃止できるのではないかという意見[23,24]や、消費税で始まった不況は消費税で脱出せよ[25]という意見もあり、消費税に対する様々な観点を大いに学ぶことができて、私としても大変に参考になる。

2-2 消費税法との関係（消費税との問題）

2-1でも述べたが、消費税は納税義務者に租税負担を求めるものではなく、納税義務者がその租税負担を他に転嫁することを当然に予定している、いわゆる間接税である。

すなわち消費税は、生産並びに流通の各取引段階における事業者等の課税対象取引（課税売上げ）に課税されるとともに、当該事業者等は消費税の納税義務を負うのであるが、各事業者等はその課税売上げに消費税を上乗せして相手方へ税を転嫁するから、最終的には消費者が消費税の税負担者となる仕組みとなっている。さらに消費税は、国内において消費される物品あるいはサービスに対して課税する、いわゆる内国消費税である。

したがって消費税は、国外で消費される物品あるいはサービスに関しては、原則として課税されない。

非課税取引、課税対象外取引、輸出免税消費に対して課税するという消費税の性格から考えて、課税することになじまないと考えられるものについては非課税とされている。消費税の非課税取引としては、このほか、医療、福祉、教育などの分野で、特別の政策的配慮から課税しないとされるもの（例

えば社会保険医療）が存在するが、一般消費税としての消費税の性格上、その範囲は極めて限定されたものとなっている。

なお、上記の取引も、いわゆる非課税取引に対し、資産の譲渡等に該当しない取引や個人事業者の行う家計に属する取引、あるいは国外取引は、そもそも消費税の課税対象とならない取引（いわゆる課税対象外取引）であって、非課税取引とは区別される。次に消費税は、国内において消費される物品あるいはサービスに課されるものであるため、事業者（免税事業者を除く）の行う輸出取引及び輸出額似取引については、消費税が免除される（いわゆる輸出免税）。

このことは、単に輸出売上げに課税しないというだけでなく、その仕入れに係る消費税額の控除は行うということであるから（この点において非課税とは性格を異にする）、輸出売上げに係る一切の取引につきゼロ税率を適用することと最終的には同じ結果をもたらす。また輸出免税は、国相互の競争条件を対等にしようとするものであり（国境税調整）、国際ルールとしても確立している。

まず、課税標準及び税率を述べると消費税の課税標準は、①国内取引にあっては、課税資産の譲渡等の対価額がある（当該課税資産の譲渡等につき課されるべき消費税額及び当該消費税額を課税標準として課されるべき地方消費税額を含まない）。②輸入取引にあっては、関税課税価格に消費税以外の個別消費税額(酒税、たばこ税、揮発油税、地方道路税、石油ガス税及び石油税をいう）及び関税額に相当する金額を加算した合計額である。

次に、消費税法は、消費税の課税の対象、納税義務者、税額の計算方法、申告、納付及び還付の手続並びにその納税義務の適正な履行の確保のための必要な事項を定めている[26]。

税制改革の一環として「消費税」を導入し、消費税額分を価格に転嫁させるカルテルを認めるための独占禁止法改正を内容とする消費税法案が閣議決定された後も、かねてから消費税の究極の負担者が消費者であるため、この転嫁の保証をいかに確保すべきかが問題とされてきた。竹下首相も、先に「乗り越えるべき壁」としてあげた「消費税、6つの懸念」に追加する形で、こ

の点を7番目とした。しかし、消費税転嫁カルテルの発想は自民党内、政府部内において存在すると伝えられながら、自民党の税制抜本改革大綱、閣議決定した政府税制改革要綱においても、消費税が円滑に転嫁されるための施策と同時に便乗値上げのないように適切な措置を講ずることを明らかにするだけで、消費税転嫁カルテルを容認することを明らかにしていなかった。この転嫁カルテルの発想が具体化したのは、自民党独占禁止法調査会においてであり、閣議で決定された消費税法案の附則30条で、はじめてその法的枠組が明らかになったものである。また、この消費税転嫁カルテルのごとき発想は、付加価値税、消費税を導入した欧米諸国でも前例がなく、国際的にも前代未聞の競争秩序に挑戦するものといわざるをえないのである[27]。

2-3　内税・外税問題及び各国別比較と便乗値上げ

　消費税の表示の仕方（方法）に関してのカルテルについては、消費税法附則において、事業者又は事業者団体が消費税についての表示を統一する等、表示方法について共同行為を行うことを独占禁止法の適用除外としている。この共同行為は、消費税額の転嫁の方法に関する共同行為とは異なって、すべての事業者及び事業者団体に対して認められているものである。

　これについて論ずべき独占禁止法上の問題点は、表示方法について共同行為を行うことを独占禁止法の適用除外扱いにすることが消費税法第2条第6項・同第3条後段、同第8条第1項第1号、同第4号に該当しないかである。しかし、表示については別な側面もある。すなわち、不当表示防止の問題である。独占禁止法第2条第9項（具体的には、不公正な取引方法の一般指定〔昭和57年公正取引委員会告示15号〕第8号による「ぎまん的顧客誘引」の禁止）及びその特別法である「不当景品類及び不当表示防止法」は、消費者保護等の観点から、事業者による「不当表示」及び「ぎまん的表示」を禁止している。したがって、事業者の行う消費税に関する表示が「不当表示」又は「ぎまん的表示」に該当する場合には、これは規制の対象となる。公正取引委員会が掲げる手引き[28]においては、消費税についての表示方法の決定に関する共同行為[29]のいろいろなものについて詳述しているが、その主要なものは以下のとおり

である。

　まず第1に考えられるのは、消費税の導入後の価格に関する統一的表示方法の使用を共同で決定することである。例えば、「消費税込み価格」と「消費税額」とを並べて表示する、又は、「消費税抜き価格」と「消費税額」を並べて表示するなどのように、消費税額を明示する価格表示の仕方を共同で決定することである。さらに、「消費税込み価格」と表示するのか、「消費税抜き価格」と「消費税込み価格」を並べて表示するのか、「メーカー希望小売価格（消費税抜き）」と表示するのかについても共同で決定する。これらの例が典型的なものとして考えられるであろう。

　第2には、店頭などに「店頭表示価格は消費税抜きの価格である」と表示し、領収書に消費税額を表示することを共同で決定することである。第3には、商店街の入口に「当商店街では消費税込みの価格を表示しております」と表示し、各店頭においても同様な表示を用いることを共同で決定することである。第4には、広告などに「表示価格は消費税抜きの価格です。消費税は別途申し受けます」と記載することを共同で決定することである。第5に、見積書、納品書、請求書、領収書などについて、消費税額を別枠表示するなど消費税についての表示方法に関する統一的様式を採用することを共同で決定することである。最後に、「価格交渉は消費税抜きの価格で行います。請求の際、妥結した価格と消費税額をあわせてお示し致します」などという取引条件を取引の相手方に示して、請求段階で消費税額分を示すことを共同で決定することが含まれる。以上のような表示方法の統一に関する共同行為は、消費税法附則の規定によって独占禁止法の適用除外になる。

　以上に挙げたようなカルテルは、それだけであれば競争を実質的に制限するものではなく、共同行為への加入又は脱退の不当な制限に該当することもない。また、以上に挙げたような表示の方法はいかなる意味においても購入者の誤認を招くようなものではなく、不当表示に該当するとは考えられない。

　不当表示に該当する場合とは、例えば実際には消費税を価格に転嫁しているのに、「当店では消費税を価格に転嫁していません」等と表示するなど、実際よりも取引条件が有利であるような表示をして、消費者等の購入者に誤

認を生ぜしめることである。

　この観点から見ると、消費税法附則に掲げる表示方法に関する共同行為の適用除外は、それだけであれば違法なカルテルとならず、また不当表示にも該当することがないというべきである。以上の点から見ると、表示に関するカルテルについても、消費税法附則による独占禁止法の適用除外の規定は、単に合法性確認以上の意味を持つことはないように思われる。とすると、これについても公正取引委員会のガイドライン[30]によって対処することができたのではないかと思われる。

　また、消費税の税率を日本以外の各国と比べた場合に、消費税が創設されて以降3％（当初）〜8％（現在）であるが、日本の消費税の税率の低さが一目瞭然でわかる。この税率の低さが吉とでるか凶とでるかは今後の国の対応に期待するしかないと思うところである。

2-4　カルテル及び転嫁に関して

① カルテルとは

　1989（平成元）年4月1日から消費税が導入されたが、この消費税については各界より反対の声も強く、また中小事業者を中心として消費税は、はたして販売価格に転嫁していけるのかについて、不安の声も聞かされた。消費税は本来、次々と川下に転嫁され最終的には消費者がこれを負担するものであるが、納税者はメーカー、流通業者等の事業者である[31]。また、メーカーである事業者の相互において競争が激しい場合には、消費税を転嫁しないことによって価格の引上げをその分見送る。だが、このような手段によって競争をする者が出てくることも考えられる。ともすると、競争事業者としても対抗上、同じく消費税の価格転嫁を行わないで価格競争を行うこととなる。そうすれば、消費税の実質上の負担は各事業者が負わなければならないこととなる。

　そのような懸念から、その対策の1つとして独占禁止法の適用除外を定め、これによって各事業者が消費税の販売価格転嫁についてカルテルを結び、また消費税の表示についてもカルテルを結ぶことができるようにすべきである

との構想が浮上し、消費税法附則に独占禁止法の適用除外の規定が設けられるに至ったのである。消費税施行以来、この消費税転嫁・表示カルテルは盛んに行われているようである。何度もくどいようだが本章では、カルテルの適用除外について、法律的観点から論ずるものとする。

独占禁止法とカルテル[32]の関係であるが、独占禁止法第2条第6項はカルテル（独禁法上の法律用語としては、「不当な取引制限」という）について定義し、同法第3条後段において禁止している。ここで定義及び禁止されているカルテルとは、事業者が契約、協定、了解（暗黙のものも含む）等によって意思の疎通を行い、これによって価格の一斉引上げを行う等、事業活動を相互に制限して、一定の取引分野における競争を実質的に制限することである。同法第8条第1項第1号においては、事業者団体（組合、社団法人、財団法人等の業界団体）が競争を実質的に制限することを禁止している。これは業界団体等が決定によって構成事業者の価格等を制限して、競争を消滅させることを禁止するものである。さらに、同法第8条第1項第4号において、事業者団体が構成事業者の機能又は活動を不当に制限することを禁止している。

同法第2条第6項、同法第3条後段違反及び同法第8条第1項第1号違反の場合には、公正取引委員会による排除措置命令が出され、価格に影響を与えるカルテルが行われた場合には、課徴金が課される。同法第8条第1項第4号違反に対しては、公正取引委員会による排除措置命令が出されることとなる。

1989（平成元）年4月1日に消費税法が施行されるに及び、暫定措置として、消費税法附則第30条に基づき、中小事業者による消費税転嫁のための共同行為、及び、消費税に関する表示方法を定める共同行為が独占禁止法の適用除外とされるに至った。これは消費税転嫁のためのカルテル及び消費税の表示に関するカルテルについては、上記の独占禁止法の規定を適用しないというものである。

消費税法附則第2条は、「私的独占禁止法の規定は、事業者が消費税を取引の相手方に円滑かつ適正に転嫁するため、事業者又は事業者団体が、公正取引委員会規則の定めるところにより、公正取引委員会に届出をして次に掲

げる共同行為（事業者団体がその直接又は間接の構成事業者に当該共同行為をさせる行為を含む。以下同じ）については、消費税法施行の日から1991（平成3）年3月31日までの間に限り、適用されない」としている。ただし、「一定の取引分野における競争を実質的に制限することにより不当に対価を維持し若しくは引き上げることとなるとき、不公正な取引方法を用いるとき又は事業者に不公正な取引方法に該当する行為をさせるようにするときには、この限りでない」と規定し、その1において、「事業者又は構成事業者が供給する商品又は役務に係る消費税の転嫁の方法の決定に係る共同行為、その共同行為に参加している事業者の3分の2以上が中小事業者である場合又はその共同行為に係る事業者団体が、その構成事業者の3分の2以上が中小事業者であり若しくはその直接若しくは間接の構成員である事業者団体のそれぞれの構成事業者の3分の2以上が中小事業者であるものである場合に限る」と規定している。

さらに、その2において、「事業者又は構成事業者が供給する商品又は役務に係る消費税についての表示の方法の決定に係る共同行為」と規定している。ここから明らかのように、消費税法施行から2年間、①消費税の転嫁の方法に関する共同行為（参加者の3分の2が中小事業者である場合に限る）、②消費税についての表示に関する共同行為が独占禁止法の適用除外となっている。

消費税の施行に伴って、公正取引委員会は1988（昭和63）年12月27日に「『消費税の転嫁と独占禁止法』についての手引き」[33]と題する文書を公表しており、同文書においては、①消費税の転嫁に関する共同行為がいかなる程度まで独占禁止法の適用除外となるか、②消費税の表示の方法に関する共同行為がいかなる程度まで適用除外になるか、③消費税に関連する親企業による下請け企業の圧迫行為はいかなる場合に不公正な取引方法又は下請代金支払遅延等防止法違反とされるかについて詳述されている。上記①は消費税の前方転嫁に関する共同行為についてのものであり、上記③は後方転嫁を内容とする親企業の下請け企業圧迫行為を規制しようという内容のものである[34]。

ところで、カルテルという言葉を定義付けると、通常、2人以上の同業者が市場支配を目的として、価格や生産・販売数量などを制限する協定、合意をいう。その制限しようとする内容によって、価格カルテル、数量カルテル、市場分割カルテル、入札談合などがある。カルテルは、価格を不当につり上げ、非効率企業を温存し、経済全体を停滞させるなどの弊害をもたらすので、いずれの国も独占禁止法で厳しく規制している。

　日本の独占禁止法は、事業者間のカルテルを「不当な取引制限」として禁止しているほか、事業者団体によるカルテル及び外国事業者との間のカルテル（国際カルテル）を、それぞれ特別の規定を設けて禁止している[35]。

　また、カルテルは経済学的には、トラスト、コンツェルンなどとともに、独占の一形態であり、法律上独立した事業者間の、競争制限を目的とする契約による連合体である。その点で、トラストとかコンツェルンが固い結合といわれるのに対し、カルテルは、ゆるい結合といわれている。また、コンツェルンが競争制限を目的としていないのに対し、トラストやカルテルは、競争制限や市場統制を目的又は効果として持っており、競争や市場に対する影響には強いものがある。さらに、トラストは参加事業者の法律上、経済上の独立を否定するため、その形成がなかなか難しいのに対し、カルテルは参加事業者の独立性が保たれているため、形成することが容易である。カルテルについては、戦前はどちらかといえば、国家がカルテルを補強するという法制が世界的に一般的であったが、戦後はむしろ公益的見地からカルテルを取り締まるという法制が世界的潮流となっている。我が国でも、独占禁止法を中心として、カルテル禁止を基本原則とする体制となっているが、戦前には極めて積極的なカルテル助長補強政策がとられていたという背景がある。このため、カルテル禁止についてはいろいろな例外も多く、カルテル規制法は、複雑な形態となっている。

　しかし、1973（昭和48）年におきた石油ショックをきっかけとしたインフレに際して、石油業界をはじめ多くの産業、特に大企業の多い製造業において、カルテルによる便乗値上げ、先取り値上げが起こり、物価上昇にさらに拍車をかけたことがあり、カルテルに対する社会的批判が一層高まり、カル

テル規制の強化となったこともよく知られているところである。

　カルテルの形態には多種多様なものがあるが、そのうち、価格カルテル、生産制限カルテル、価格制限カルテルが最も典型的である。価格カルテルとは、カルテル参加者が、一定の価格を協定することである。協定される価格は、確定価格の場合、値上げ幅の場合、最低価格の場合などいろいろである。価格カルテルに類するものとして、条件カルテル、計算カルテル（原価計算の方法と基準とを統一するカルテル）、割戻しカルテル（リベートの額や率を制限するカルテル）などがある。

　生産制限カルテルとは、生産過剰がはなはだしく、在庫過剰のとき、生産上の制限を協定することである。具体的には、操業時間の短縮、生産設備の封鎖等の操業短縮によって行われる。また、販路制限カルテルは、市場分割カルテルとも呼ばれ、参加者が一定の顧客又は地域を割り当てられ、各々その範囲内で独占的地位を占める協定である。国際カルテルの場合に多く、参加者は、自国の領域内の市場が保証されるかわりに、他国の領域内で販売しない、ということを相互に約することがしばしば行われている。

　以上の分類のほか、国籍を異にする事業者の間に形成される国際カルテル、輸出取引を制限する輸出カルテル、同じく輸入取引を制限する輸入カルテル、不況のとき形成される不況カルテル、合理化のために形成される合理化カルテルなどがある[36]。

　また、独占禁止法における「カルテルの規制」に関しては、主に次の(a)〜(d)があるといえる。

　(a) まず、「不当な取引制限の禁止」で、事業者は不当な取引制限をしてはならない（独禁法第3条）とされている。不当な取引制限というのは、事業者間のカルテルのことで、独占禁止法ではこれを次のように定義している。すなわち、「事業者が、契約、協定その他何らの名義を以ってするかを問わず、他の事業者と共同して対価を決定し、維持し、若しくは引き上げ、又は数量、技術、製品、設備若しくは取引の相手方を制限する等相互にその事業活動を拘束し、又は遂行することにより、公共の利益に反して、一定の取引分野における競争を実質的に制限すること」（独禁法第2条第6項）である。つ

まり、その業界に属する事業者（同業者）がお互いに連絡を取り合って、本来、個々の事業者がそれぞれ自主的に判断して決めるべき事業活動（価格や数量、設備などの決定）について、共同して決定し、市場において有効な競争が行われないような状態をもたらすことである。このような「契約」「協定」「申合せ」などが禁止されているわけである。カルテルの主体となる事業者とは、一般には企業のことで、会社でも個人経営でも事業を行っている者はすべて事業者である。また、定義の中にある「共同して」というのは、同業者の間になんらかの合意や了解が成立することで、それに皆が従うものと思ってそれぞれ同一行動に出るものであれば該当する。したがって、制裁を伴わない紳士協定はもちろん、明白な協定という形をとらない口頭の約束や暗黙の了解でも、他の要件を満たせば不当な取引制限になる。

(b)「国際カルテルへの参加禁止」について、事業者が不当な取引制限を内容とする国際的協定を締結すること、つまり国際カルテルへ参加することは、禁止されている（独禁法第6条）。

このように独占禁止法は、国内市場だけでなく、我が国と外国との間の取引についても、競争制限の効果が国内市場にもたらされる場合には、規制することにしている。例えば、我が国の事業者とヨーロッパの事業者との間で、我が国の事業者はヨーロッパに輸出せず、ヨーロッパの事業者は日本に輸出しないという国際的市場分割を内容とする国際カルテルが結ばれた場合に、独占禁止法違反とされた事例がある。

(c)「事業者団体の活動規制」として、事業者の集まりである事業者団体が「一定の取引分野における競争を実質的に制限すること」は、禁止されている（独禁法第8条）。これが事業者団体によるカルテルの禁止規定である。このほか、事業者団体が一定の事業分野における事業者の数を制限したり、団体に属している事業者の機能や活動を不当に制限したり、事業者に不公正な取引方法に該当する行為をさせるようにすることなども禁止されている。独占禁止法が事業者団体の活動をこのように厳しく規制しているのは、カルテルが事業者間の協定や申合せという形ではなく、○○協会とか○○組合といった事業者団体の行為として行われることが少なくないからである。例え

ば、事業者団体が値上げを決議して、その構成事業者に指図や通知をすることによって一斉に値上げをしたりするようなことは、一定の取引分野における競争を実質的に制限することになるので、禁止されている。また、事業者団体が団体の事業者の事業活動を不当に制限する場合には、競争を実質的に制限するに至らなくても規制される。事業者団体の活動については、どのような活動が独占禁止法違反となるのかを明らかにして、適正な団体活動ができるようにするため、公正取引委員会は、「事業者団体の活動に関する独占禁止法上の指針」(事業者団体ガイドライン)を公表している。

　(d)「適用除外カルテル」に関して、独占禁止法は、カルテルを原則として禁止しているが、他の政策目的を達成するために、その例外として法律に基づいて一定の要件の下にカルテルを許容し、そうした行為には独占禁止法を適用しないこととしている。このようなカルテルを適用除外カルテルという。また、適用除外カルテルは、独占禁止法に基づくもの、個別の法律に基づくものの2つに大きく分けられ、主なものとしては、独占禁止法に基づく一定の組合の行為(独禁法第22条)、道路運送法に基づく運輸カルテルなどがある。また、個別の法律に基づくものについては、公正取引委員会との手続規定が整備されており、公正取引委員会の目が届く形となっている。そして適用除外制度は、あくまで独占禁止法の例外であるため、経済状況等の変化に応じ、その必要性などについて見直しを行う必要がある[37]。

② 転嫁とは

　消費税の転嫁の方法に関する決定についての共同行為としては、附則の規定からも明らかなように、参加者又は構成事業者のうち中小企業が3分の2を占める協定又は団体の決定であって、消費税の転嫁の方法に関するものについてのみ、認められる。かかる共同行為を行うに際しては、公正取引委員会に届け出ることを要する。また、かかる協定又は団体の決定に参加するかは各事業者の自由意思であり加盟を強制することはできない。

　この転嫁の方法に関する共同行為の内容としてはいろいろなものが考えられるが、「手引き」[38]においては、これらのうちの典型的なものが挙げられて

いる。第1には、各事業者が自主的に決定する本体価格に消費税額分を上乗せする決定である。すなわち、各事業者が独自に価格を決定するが、5％の消費税額については各々の事業者がこれを本体価格に上乗せして商品・役務を販売することを申し合わせるというものである。第2には、消費税導入後発売する新製品について各事業者がそれぞれ自主的に決定する本体価格に消費税額分を上乗せすることを内容とする決定である。すなわち、新製品についても各々の事業者は5％の消費税額分を価格上乗せすることを決定するというものである。第3には、商品又は役務の容量・数量等の内容を消費税額分変更させて、価格は据え置くという決定である。すなわち、事業者が協定によって消費税を商品・役務の価格に転嫁することはないが、これらの価額の5％に相当する分だけ数量を減らしたり、商品・役務の内容を変更することを協定することによって、転嫁したのと同じような経済的効果をあげようというものである。第4は、消費税額分を商品・役務の価格に上乗せした結果、計算上生ずる端数を切上げ、切捨て、四捨五入などによって合理的範囲内で処理しようという内容の協定である。消費税は商品・役務の販売者が支払い、これを後方に転嫁することを予定しているものである。そして、こうした転嫁を容易にしようという趣旨から事業者間の共同行為が認められている。したがって、消費税法附則が「事業者……の供給する商品又は役務に係る消費税額の転嫁の方法に関する決定」を適用除外にすると規定しているように、かかる共同行為が認められるのは商品・役務を販売する事業者に限られ、これらを購買する者の間の共同行為は認められない。すなわち、購入についての共同行為は適用除外の範囲には入っていないのである。

　当然のことながら、事業者又は事業者団体が販売する商品・役務の最終価格を協定することは適用除外の範囲には入らない。各事業者によって原価や能率が異なる以上、各々の販売価格に5％（1997〔平成9〕年当時）の消費税額を上乗せしてもその最終価格が異なるのは当然であり、事業者間の協定又は事業者団体の決定によって最終価格を統一することは、消費税額転嫁の方法について行われたカルテルとは認められないからである。例えば、税抜き価格を統一する協定・税込み価格を統一する協定、消費税額分と異なった額又

は率を転嫁することを内容とする協定等は、適用除外の範囲に入っていないというべきである。というのは、かかるカルテルは価格等を制限することを内容とするものであり、消費税の価格転嫁に必要なこと以上のことを実現しようというものであるからである。これらは、単純なカルテルにすぎないものであり、不当な取引制限に該当する。これらについては、通常のカルテルとして規制が行われる[39]。

次に、転嫁について消費税の転嫁に関する特別の設置立法の経緯を見てみると、政府は当時、立法措置を含むいくつかの施策を講じている。その1つとして、「消費税の円滑かつ適正な転嫁」としての税制改革法案第11条がある。そして、もう1つには、独占禁止法に関係して、消費税案附則法第30条の規定により、独占禁止法の適応除外法を改正し、公正取引委員会への届出を要件として、カルテル（ただし一定の中小企業等に限る）、表示カルテルを暫定的に認める法律の制定である[40]。

さらに、消費税の転嫁に関する基本的考え方として（消費税の円滑かつ適正な転嫁）、税制改革法第11条において、「1. 事業者は、消費に広く薄く負担を求めるという消費税の性格にかんがみ、消費税を円滑かつ適正に転嫁するものとする。その際、事業者は、必要と認めるときは、取引の相手方である他の事業者又は消費者にその取引に課せられる消費税の額が明らかとなる措置を講ずるものとする」「2. 国は、消費税の円滑かつ適正な転嫁に寄与するため、前項の規定を踏まえ、消費税の仕組み等の周知徹底を図る等必要な施策を講ずるものとする」とされている。

また税制改革の一環として消費税制が導入されるに当たり、大きな話題を呼んだものの1つに消費税の転嫁という問題があった。税制法案を審議した前国会においても、終始論議され、竹下総理も、消費税を巡る8つの懸念の1つにこの転嫁の問題を掲げていた。すなわち、消費税は、事業者がこれを転嫁するものとされているが、あらゆる取引を対象に多段階にわたって課税される間接税は、我が国の経済社会にとって、これまでなじみの薄いものであったところから、はたしてそれが正しく転嫁することができるか、という懸念であった。

このため、消費税の転嫁のために各種の施策が論じられることとなったが、公正取引委員会も競争政策の運営なり、独占禁止法等の運用によって消費税の円滑、適正な転嫁を図ることとした。
　その内容として、「消費税の転嫁のカルテル」と「消費税についての表示のカルテル」を認めるための臨時暫定的な立法措置が講じられたが、例えば、親事業者が下請事業者を買いたたき消費税をしわ寄せするといった問題や、消費税の転嫁を巡って消費者に誤認を与える不当な表示・広告が生じかねないところから、下請法や景品表示法を厳正に運用するといったことが含まれている。
　その一方で考えなければならないのは、消費税を転嫁される側の消費者の立場である。すなわち、消費税の転嫁は商品やサービスの価格の上昇を通じて行われるものであるから、転嫁に乗じて便乗値上げが行われるのではないかという懸念もあるからである。もちろん、消費税の転嫁は適正に行われるべきもので、便乗値上げは排除しなければならないが、それが独占禁止法に違反する値上げカルテルによってもたらされるとするならば、もとより独占禁止法を厳正に運用することによって、これは断固排除しなければならない。この面においても公正取引委員会に期待するところが大きい。つまり、消費税の転嫁は、「円滑」かつ「適正」に行われなければならず、公正取引委員会はその両面に配慮して法運用などを行っていかなければならない。
　消費税の転嫁に関しては、2つのカルテルが臨時暫定的に認められることとなったが、これは、これまでなじみの薄い消費税制を円滑に導入するための、いわゆる政策カルテルであって、あくまでも競争政策の例外的なものである。いうまでもなく消費税の転嫁は、価格に関係するものであるから、本来、市場において競争原理のもとに行われるべきものである。したがって、これについて競争政策上例外措置を設ける場合にも、その内容はいやしくも競争政策の根幹を揺るがすものであってはならないし、自由経済の建前を崩すものであってはならない。他方で、消費者の利益保護にも考慮されなければならない。このため、今回の立法に当たっては、これらの点に十分な配慮がなされたところである。

特に価格に影響を与える「消費税の転嫁のカルテル」については、カルテルの対象を消費税の「転嫁の方法」に限ったことである。転嫁のもととなる価格、つまり商品やサービスの本体価格はあくまでも市場において個々の事業者が自主的に決めるものであるから、これについてのカルテルは一切認められていない。

　したがって、転嫁の方法を決定するに当たって本体価格を統一するなどの申し合わせが行われたとすれば、それは当然に独占禁止法に違反することとなる。いわゆる便乗値上げがこのような形で行われるおそれもあるところから、公正取引委員会は、この点について特段の監視をしていくこととなる。これは、一定の中小事業者等に限って認められることとされている。すなわち、価格形成力が十分でなく、転嫁も円滑には行い難いと考えられる中小事業者に限って、いわば、中小企業対策の一環として講じられたものである。

　さらに、これらのカルテルを結ぶ場合には、事前に公正取引委員会に届け出ることが義務づけられている。これにより、このカルテルは本章Ⅱ **2**-3 で述べた便乗値上げなどが行われないよう厳重にチェックすることとされている。

　最後に、これらの2つのカルテルを認める立法措置は、消費税の導入に際しての転嫁に関する懸念を解消するためのものであるから、恒常的なものではなく、我が国の経済社会が消費税に習熟するまでの時限的なものであるべきとして1991（平成3）年3月31日までのものとされている。

　以上のような各種の限定を設けることによって、今回の立法措置は競争政策の基本をなんら変えることなく、また、便乗値上げなどにより消費者利益が害されることのないようにされている。なお、カルテルを認める立法については、公正貿易の確保から貿易相手国の独占禁止法の内容や運用の厳正さを求める米国などから、批判的な見方をされるおそれもなくはない。これに加えて、これらのカルテルは、法律上、内外無差別であり、また、その実施は強制的なものでなく、カルテルへの参加・不参加は事業者の自由とされているところから、運用面においてもその趣旨を徹底することが無用な誤解が生じないようにする上でも大事なことと考えられる。

なお公正取引委員会は、消費税の円滑かつ適正な転嫁に資するためにも、今回の立法措置を適正に運用し、独占禁止法なり下請法、景品表示法の運用を中心とした競争政策を積極的に推進していくが、その具体的な内容、特にこれらの法律の下で、消費税の転嫁のためにどういうことができ、どういうことであれば法律違反となるのかなどをわかりやすくすることが事業者や消費者のためにも必要であると考えて、「『消費税の転嫁と独占禁止法』についての手引き」[41]を公表しており、非常に参考となる。と同時に、筆者も消費税の導入に際して独占禁止法上問題と見られるような価格の動きなどがあれば、今後の研究課題としていきたいと考えている。このような事業者や消費者の双方の立場を理解した上での対応が、最終的には消費税の円滑で適正な転嫁につながり、我が国の経済社会に消費税制が定着する早道であると考えられる[42]。

3 消費税カルテル問題

3-1 消費税カルテルを巡る問題

　1987（昭和62）年3月3日の衆議院予算委員会で、当時の高橋元公正取引委員会委員長は、売上税の転嫁と独占禁止法との関係について、見解を表明した。それは、売上税の転嫁の方法、価格と税額の表示方法を業界ごとに話し合うことは差し支えないが、これに便乗して業界が話し合って商品の価格を決定したり、税額分の値上げを申し合わせることは違法であるとするものであった。端的にいえば公正取引委員会は、売上税、消費税の転嫁問題については、あくまで独占禁止法の秩序の枠内で検討されるべきであって、税額を販売価格に転嫁するカルテルは認められないとの態度を明らかにしたのである。

　ところが、その前年にも通産省が売上税転嫁カルテル容認の法改正を検討したと伝えられ、独占禁止法の適用除外として、売上税の転嫁カルテル容認の発想があったが、法案に結実することはなかった。しかし自民党は、1988（昭和63）年7月11日、消費税導入に伴う税額の価格転嫁問題について協議し、独占禁止法の改正及び行政措置を講ずることを決定した。その決定を基に作

成された消費税法案では、消費税法附則第30条で消費税転嫁カルテルを適用除外とすることを定めるに至った。

　その主たる内容は、①事業者又は事業者団体の構成事業者が供給する商品、サービスに係る消費税の転嫁の方法を決定するカルテル（消費税転嫁方法カルテル）及び消費税の表示方法を決定するカルテル（消費税表示方法カルテル）を適用除外とする。②消費税転嫁カルテルは参加事業者の3分の2以上が中小事業者である場合又は事業者団体の構成事業者の3分の2以上が中小事業者である場合等に限定する。なお、この「中小事業者」とは、中小企業団体法に基づいて工業、鉱業、運送業等製造業では資本金1億円以下又は従業員数300人以下、小売業、サービス業では資本金1,000万円以下又は従業員50人以下、卸売業では資本金3,000万円以下又は従業員数100人以下の会社、個人である。③適用除外を受けるためには公正取引委員会への届出が必要であるが、④一定の取引分野における競争を実質的に制限することによって不当に対価を維持、引き上げたり、不公正な取引方法を用いたり、事業者に不公正な取引方法に該当する行為をさせるようにする場合には、消費税法の適用除外とならない。⑤この適用除外規定は消費税法と同時に施行され1991（平成3）年3月31日までの期間とする。

　このような消費税転嫁カルテルの発想は、消費者への転嫁が困難な中小企業に対して転嫁の保証を与え、他方、消費税転嫁カルテルに便乗した価格を含むカルテルは違法であり、許容された転嫁カルテルによって不当に価格が引き上げられれば違法となるとの法的枠組を設け、さらに公正取引委員会への転嫁カルテルの届出制度を採用し、消費税転嫁カルテルは認めても便乗値上げの防止のための監視体制を確立することを期待したものと理解できる。消費税については、消費者への転嫁の困難性への懸念と転嫁に便乗した値上げという相反する懸念が指摘されてきたが、この転嫁カルテル容認の発想は、この2つの懸念を解決する方策として意図されたものと考えられる。

　問題は、消費税を含む間接税制において、欧米諸国でも前例のない転嫁カルテルを導入せざるをえない消費税法の仕組みにあり、また転嫁カルテルが2つの懸念の解決策として有効に機能するか否かにあると考えられる[43]。

3-2 消費税転嫁カルテルの適用除外問題

　適用除外に関して、独占禁止法は事業者の共同行為が「一定の取引分野における競争を実質的に制限する」場合のみ、これを違法なカルテルとして禁止している。しかし、消費税転嫁の方法に関する共同行為は、それ自体としては、競争を実質的に制限することはほとんどありえないように思われる。すなわち、純粋な消費税転嫁カルテルというのは、要するに「皆さん、消費税分は販売価格に転嫁しましよう」ということを取り決めるのみであり、それ以上ではない。また各事業者は、①各々の原価等に基づいて販売価格を独自に決定して、これに独自に決定した利益を上乗せする。そして、②これについて5％（1997〔平成9〕年当時）の消費税を上乗せする。消費税転嫁カルテルは、この②のみに関するものである。

　ともすれば、これが一定の取引分野における競争を実質的に制限することにならず、不当な取引制限になることはない。また、本来的な消費税転嫁方法に関する共同行為であれば、これが構成事業者の機能又は活動を制限することとなるとも考えられない。

　消費税法附則第2条の意味は、このような共同行為が一定の取引分野における競争を実質的に制限し、又は他の意味において独占禁止法の違反に該当する場合でも、ただし書きに該当する場合を除き、適用除外になるということであろう。しかし、純粋な消費税転嫁カルテルが競争を実質的に制限して、違法となる場合はほとんど考えられず、適用除外規定によって適用除外された結果、本来違法な消費税転嫁カルテルが違法でなくなるということは、抽象の世界、観念の世界にしか存在しないよう思われる。

　以上のように、消費税法附則第2条における適用除外規定は、消費税の転嫁に関する事業者間のカルテルはそれだけであれば独占禁止法に違反しないことを確認するものといえ、このようなカルテルは公正取引委員会に届け出てこれを行うこととなっている。しかし、本来的に独占禁止法に違反しないものであれば、届出の有無に関わらず違反はないというべきである。この点においては、この適用除外規定の存在理由は、法的分析をしてみると、わけ

のわからないものである。

　以上の協定は、参加事業者の3分の2が中小事業者である場合、又は構成事業者の3分の2が中小事業者である事業者団体が行う場合にのみ、認められるとされている。しかし、このような協定が本来的に独占禁止法に違反しないとすれば、中小事業者と大規模事業者とを区別する意味はなく、この点においても消費税法附則における適用除外規定の意味は不明確である。逆に、このようなカルテルが本来的に独占禁止法に違反するものであるとすれば、中小事業者にのみ適用除外を認める趣旨も明らかではない。以上のように、消費税法附則における適用除外規定の意義については、疑問の点が多いのであるが、この性格としては適法性確認以上の法律的効果は見出し難いというべきであろう。さらに、立法論としていえば、以上のような消費税転嫁カルテルについて、独占禁止法の適用除外を認めるのは問題であると思われる。というのは、一般論として、独占禁止法は経済の基本法であり、適用除外は例外的なものに限るべきであるからである。また、消費税転嫁カルテルは独占禁止法に本来的に違反しないものであるので、これについては適用除外ではなく、公正取引委員会が「ガイドライン」を出して、これによって違法でないことを確認し、現在事業者団体について行われているような事前相談制度を活用すべきであったと思われる。

　消費税法附則第2条第1項ただし書きは、消費税の転嫁に関する共同行為であっても、「一定の取引分野における競争を実質的に制限することにより不当に対価を維持し若しくは引き上げることとなるとき、不公正な取引方法を用いるとき又は事業者に不公正な取引方法に該当する行為をさせるようにするときは、この限りでない」として、この場合には適用除外は認められないと規定している。ここでの問題は、何がこのただし書きに該当するのかである。消費税の転嫁方法に関する共同行為は、前述のようにそれのみであれば対価を不当に引き上げるものではない。とすると、このただし書きの規定が現実に適用できる場合に関しても、はたしてそれが存在しうるかに疑問があるのではないか。

　消費税法附則の適用除外規定のただし書きは、不公正な取引方法が行われ

る場合及び、事業者に不公正な取引方法を行わしめる場合には、適用除外が認められないと規定している。これは例えば、ある事業者が共同行為に参加しないことを理由として、この事業者に制裁を加える場合、及び、事業者が共同行為に参加した事業者がその共同行為の取決めに違反したことを理由として、合理的な範囲を超えた制裁を科すること（例えば、高額の課徴金を徴収する等）がこれに含まれる（もっとも、消費税額転嫁の共同行為が認められている以上、その実効性を担保するために行われる合理的範囲内での制裁は認められる）。

これらの行為もまた、本来的には消費税の転嫁方法に関するカルテルとはいえないものであるが、不公正な取引方法に該当するような行為が行われる場合には、適用除外は認められないことを注意的に規定したものであるといえよう[44]。

消費税法案において独占禁止法の適用除外とされることとなった消費税転嫁カルテルは、転嫁の困難な中小企業等に「消費税は究極的に最終消費者が負担すべきものである」との本来的趣旨を貫徹するために転嫁力を強化し、転嫁の保証を確保する制度であると同時に、消費税の導入に伴う便乗値上げを防止する制度でもあるといわれている。問題は、これらの制度的趣旨が消費税転嫁カルテルの導入によって実現されるのか否か、独占禁止政策の展開にいかなる効果をもたらすかにある。

独占禁止法の適用除外となる消費税転嫁カルテルと違法な価格を含むカルテルとを明確に峻別しているが、独占禁止法の最も重要なカルテル規制の実効を確保できるか否かの問題がある。

そして、価格カルテルの最大の問題は共同行為の要件ともいうべき価格についての意思連絡の立証にあり、これまでの公正取引委員会の審決例及び判例の集積によって、確定価格についての情報交換がなくても、一般的に将来の価格について情報交換され、一致した価格行動がとられれば、暗黙の合意が認められ、不当な取引制限は成立すると解し、事業者団体による価格カルテルについても、当該機関等で何かの方法によって価格引上についての共通の意思が醸成されるのであれば、事業者団体のカルテルとして違法であると解してきたところである。しかも事業者間の連絡交渉の具体的内容が明確で

なくても、また市況対策についての情報交換がなされながらも具体的申し合わせの立証ができなくても、結果としての一致した行動という客観的事実を総合的に判断してカルテルの存在を立証できるものとされてきた。事業者団体の価格情報の交換についても、公正取引委員会の事業者団体の活動指針によれば、価格に関する情報交換を通じて価格の維持又は引上げについて構成事業者間に暗黙の了解又は共通の意思が形成されれば、違反となるとし、将来の価格に関する情報活動、短期の需給の見通しに関連させる供給計画の意見交換は違反のおそれがあるものと指摘する。

　消費税転嫁方法カルテルの具体的内容は、前述のごとく消費税転嫁表示カルテルと峻別しているところから単に消費税額等の表示のカルテルたるものではなく、それを具体的に価格に上乗せして転嫁する方法のカルテルを意味するものである。消費税転嫁方法カルテルは消費税の価格転嫁のための市場支配力を形成することを容認する趣旨であるから、価格との関連で消費税の内容、転嫁方法の情報交換がなされ、カルテルを形成することを容認せざるをえない。かかる観点からすれば、法的概念として適法な消費税転嫁方法カルテルと違法な価格カルテルとを峻別しても、従来の価格情報の交換による黙示の合意、共通の意思の形成という立証方法をもってしては両者の異なる点を明確にすることはできず、カルテルの便乗値上げの効果的な抑止力として機能できるかの方策が問題となる。ところで、消費税転嫁カルテルと安定事業、合理化事業、共同施設事業等を行う商工組合とを同列にとらえ、消費税転嫁方法カルテルに対して大企業の3分の1の参加の可能性を認めたことは極めて疑問の残るところであり、大企業の強力な価格転嫁力の主導のもとに転嫁方法の内容が決定されるおそれがあると考えられる。

　消費税法案では、税額表示を義務づけていないので、その差額分をできるだけ少なくして消費税差益を得ようとすることになる。物品税課税品目については、値下型形態で増税差益を生みだすおそれがあり、消費税転嫁方法カルテルは、"川上"では過剰転嫁を生みだし、"川下"の販売競争の激化している家電商品等の分野では、転嫁不足の状況を生みだすことにならざるをえない。カルテルは経済における景気などの不況によって生みだされるだけで

はなく、政策的にカルテルを形成し所定の要件のもとに独占禁止法の適用除外としてきた。しかし強制カルテルは別論として、自主的カルテルを所定の要件のもとで独占禁止法の適用除外とする制度を設定しても、カルテルの形成、維持能力は、産業、企業、市況等についてそれぞれ異なるものである。消費税転嫁方法カルテルによる転嫁の保証能力についても同様であって、異なった業種、流通段階において異なった経済効果を生み、しかも転嫁力のある分野では有利に、転嫁能力の乏しい分野では不利に機能することは否定できない[45]。

　公正取引委員会が「ガイドライン」で掲げる『消費税率の引上げに伴う転嫁・表示に関する行為についての独占禁止法の考え方』においては、原則として違反とならない行為として、下記①～⑧までの行為を挙げている。ただし、このような活動を通じて、価格の維持、引上げ又は転嫁の方法について暗黙の了解又は共通の意思が形成されれば、違反となりうる。

　①税法を遵守する旨の宣言においては、事業者又は事業者団体が、「消費税及び地方消費税の円滑かつ適正な転嫁を行う」旨宣言することを決定することは、税法を守るという趣旨にとどまる限り特に問題ない。また、事業者又は事業者団体が、「消費税及び地方消費税の転嫁を受け入れる」あるいは「消費税率の引上げに際して独占禁止法や下請代金支払遅延等防止法で禁止されている不当な買いたたきは行わないようにする」旨宣言することを決定することは、税法を守るという趣旨にとどまる限り特に問題ない。

　②消費税等の転嫁についての理解を求める要望等においては、事業者団体が、構成事業者の取引先事業者団体等に対し、消費税等の円滑な転嫁の受入れについて一般的な理解を求める要望を行うことや、構成事業者に対して、それぞれの店頭に、「今回消費税率が引き上げられることとなったので、その負担についてお願いします」など消費税等の転嫁についての理解を求める掲示を行うよう要請することは、特に問題ない。

　③消費税等の表示に関する自主的な基準の設定においては、事業者又は事業者団体が、消費税等に関する表示について単にひな型を示すなど自主的な基準を設定することは、構成事業者等にその遵守を強制しないものである

限り特に問題ない。

　④客観的資料・情報の提供等においては、事業者団体が、構成事業者に対して、消費税等に関する客観的な資料や一般的な情報を提供したり、制度の仕組みを説明したり、関係官庁からの協力依頼の内容の通知を行うことは、特に問題ない。

　⑤過去の事実に関する情報の収集・提供においては、事業者団体が、需要者、構成事業者等に対して、消費税導入時において構成事業者が採用した転嫁又は表示の方法や、消費税率の引上げ後に実際に取引された価格に関する概括的な情報を任意に収集して、客観的に統計処理を行い、個々の構成事業者の転嫁状況等を明示することなく、概括的に需要者を含めて提供すること（事業者間に価格についての共通の目安を与えることのないようなものに限る）は、特に問題ない。

　⑥中小企業者に対する指導においては、主として中小企業者を構成員とする事業者団体が、構成事業者に対して、消費税率の引上げに伴って生じる原価計算の方法等企業経営上の諸問題について、合同で又は求めに応じて個別に指導することは、特に問題ない。

　⑦取引先等への一般的な業界の実情の説明等においては、事業者団体が、構成事業者の取引先等に対して、消費税等の転嫁についての一般的な業界の実情を説明し、理解を要請することは、特に問題ない。

　⑧消費税率の引上げの客観的な影響に関する広報においては、事業者団体が、構成事業者に対して、消費税率の引上げが業界に及ぼす客観的な影響についての広報を行うことは、特に問題ない。

3-3　消費税転嫁カルテルが禁止（違反）行為となる問題

　消費税転嫁カルテル問題に関して「企業における消費税転嫁カルテル行為の適用除外」となる場合を、本章Ⅱ3-2の「適用除外の場合」で述べたが、これに対して、独占禁止法上で、企業における消費税転嫁カルテル行為が「禁止」とされ問題となる行為をここでは論じていく。

　以下、カルテルが禁止行為となり、違反とされる場合とは、事業者が共同

して又は事業者団体が下記に挙げる①〜⑤の内容を行えば独占禁止法上違反となる行為であるとされている。

①「本体価格、税込み価格等の決定」[46]であり、これは、税込み価格等を統一する旨を決定することである。

②「消費税率の引上げ分の現行価格への上乗せの決定」であり、これは、事業者が共同して又は事業者団体が、各構成事業者の販売している価格に消費税率の引上げ分を上乗せする旨を決定することである。

③「消費税率の引上げに伴う数量調整の決定」であり、これは、事業者が共同して又は事業者団体が、商品又は役務の内容（容量、数量等）を消費税率の引上げ分変更させて、各構成事業者の価格を据え置く旨を決定することである。

④「端数処理に関する決定」であり、これは、事業者が共同して又は事業者団体が、消費税率の引上げに伴い計算上生じる端数の処理方法を決定することである。

⑤「消費税等の表示方法に関する自主基準の遵守強制」であり、これは、事業者が共同して又は事業者団体が、消費税等に関する表示について単にひな型を示すなど自主的な基準を設定することにとどまらず、構成事業者等にその遵守を強制することである[47]。

上記に挙げた行為を事業者が行うと独占禁止法の規定により、罰せられ課徴金が科せられるのである。もっと、大まかにいうと、本章Ⅱ❸-2の「適用除外」で述べた以外の行為が基本的には当てはまるものである。

また、場合によっては、独占禁止法違反被告事件において罰金刑を科せられるとともに国から不当利得返還請求訴訟を提起されている者に課徴金の納付を命じられることもある。

その判例として、最高裁判所平成9年（行ツ）第214号の審決取消請求事件があり、平成10年10月13日第三小法廷判決で行われ、上告棄却となった。その理由については、「本件カルテル行為について、私的独占の禁止及び公正取引の確保に関する法律違反被告事件において上告人に対する罰金刑が確定し、かつ、国から上告人に対し不当利得の返還を求める民事訴訟が提

起されている場合において、本件カルテル行為を理由に上告人に対し同法7条の2第1項の規定に基づき課徴金の納付を命ずることが、憲法39条、29条、31条に違反しないことは、最高裁昭和29年（オ）第236号同33年4月30日大法廷判決・民集12巻6号938頁の趣旨に徴して明らかである。……原審の適法に確定した事実関係の下においては、実行期間において引き渡した商品の対価の額を合計する方法ではなく実行期間において締結した契約により定められた対価の額を合計する方法により課徴金の計算の基礎となる売上額を算定し、かつ、その際に消費税相当額を控除しなかったことが違法ではないとした原審の判断は、正当として是認することができる」と判示している。

消費税法案では、「消費税の転嫁の方法についてのカルテル（消費税転嫁方法カルテル）」及び「その表示方法（消費税表示方法カルテル）」とを適用除外しているが、この枠組を超えて商品・サービスの価格を含むものは違法として明確に峻別し、後者の「その表示方法（消費税表示方法カルテル）」についてのカルテル規制を厳正に行うことを前提としている。

独占禁止法では、協同組合等の一定の組合の行為を適用除外しながら「不公正な取引方法を用いる場合又は一定の取引分野における競争を実質的に制限することにより不当に対価を引き上げることとなる」場合を違法としており（独禁法第24条）、不当性の解釈については審決、判例もなく、様々な学説の対立を招いているところである。幸い学説では、合理的値上げ理由があり、値上げの程度が妥当か否かを判断基準とすべきとの見解もあるが、近時の学説は、市場支配力の行使と競争秩序における競争機能の喪失や、市場支配力の行使によってもたらされる競争の実質的制限と独占的な価格形成の予見可能性によって判断すべきものと主張している。たとえ古い学説に示唆されながら、消費税転嫁方法カルテルを容認した趣旨が消費税額分を価格に転嫁させることにあるのだから、消費税額分の価格への転嫁は合理的理由があり妥当であるが、それを超えて値上げするのは合理性もないとして、「不当な対価の引上げ」になると解したとしてもなお問題は残るのである。

しかし最も問題なのは、消費税転嫁方法カルテルの場合、「一定の取引分

野の競争の実質的制限によって不当に対価を維持、引き上げる」という違法性判断の基準をいかに設定するかにある。また、消費税転嫁方法カルテルの効果としては、業種間、流通段階で不公平を招くおそれがないかが問題になる。製品が、同質ないし規格化しやすい業種では、消費税転嫁方法カルテルを有効に実施することができるであろうが、製品差別化が進み商品の寿命の短い消費財については、カルテルを締結できたとしても、その有効性を維持するのは困難であって業種間の不公平を招くおそれがある。しかも消費税転嫁方法カルテルは強制カルテルではないので、製品輸入が急増している分野ではアウトサイダーとしての外国事業者によって消費税転嫁方法カルテルの実効性を確保することが困難となり、このような状況にない分野ではその実効性を確保することができる。他方、流通段階では消費税転嫁方法カルテルの実効性が確保されるだけではなく、過剰転嫁の可能性があるのに対して、競争の激烈な"川下"では、その実効性を確保することが困難となり、転嫁不足となり、消費税であるにも関わらず、事業税的性格として甘んじなければならない事態となると考えられる。そして中小企業は、簡易課税制度、限界控除制度の適用を受けることとなるが、これらの制度のもとでは、少なくとも個別の商品、取引ごとに転嫁されるべき消費税額分を明確化することはできず、商品サービスの税額分と価格との関係が不明確であるため、転嫁の程度の妥当性を判断するのは著しく困難といわざるをえない。公正取引委員会は、便乗値上げの監視を強化するため、所要のガイドラインを定めることとなるであろうが、簡易課税制度等がかかえる問題との関連で、合理的判断基準の策定は極めて困難であろう。このような視点からいえば、消費税転嫁方法カルテルによって不当な対価の引上げをした場合を違法とする旨の規定があっても、この規定の効果的な運用を期待することができないといわざるをえないのだ[48]。

4 消費税カルテルに対する国の対応

4-1 公正取引委員会の対応

　公正取引委員会は、消費税カルテル等の違反行為の未然防止のため、かつ独占禁止法等の所管法令を理解して違反行為の未然防止に役立つように「どのような行為が違反となるか、又は、ならないか」について自らの運用活動[49]を踏まえた上での考え方を「ガイドライン」にして作成・公表して、広報活動等によりその普及に取り組んでいる[50]。そうした、国側である公正取引委員会の対応の全部は挙げられないため、以下で2つほど公正取引委員会が定めている「ガイドライン」による解釈を紹介する。

　それらを挙げる前の前提として、公正取引委員会における「消費税率の引上げ及び地方消費税の導入に伴う転嫁・表示に関する独占禁止法及び関係法令の考え方」(以下「考え方」と略記)をいうと、消費税及び地方消費税 (以下「消費税等」と略記) は、物品だけでなくサービスも含めた消費一般に広く負担を求める税であり、最終的には消費者が負担することが予定されている。このような税の仕組みから、消費税等は適正かつ円滑に転嫁されることが必要である。

　この「考え方」は、1997 (平成9) 年4月1日からの消費税率の引上げ及び地方消費税の導入に伴う消費税等の転嫁に関する公正取引委員会の独占禁止法及び関係法令の運用についての考え方を明確化したものであり、消費税等の転嫁のために、事業者又は事業者団体が、どのような行為であれば独占禁止法に違反することなく行えるかなどをわかりやすく示すことによって、独占禁止法違反行為の未然防止を図るとともに、消費税等の適正かつ円滑な転嫁に役立てることを目的としている[51]。

　また、公正取引委員会としては、消費税率の引上げ及び地方消費税の導入以降は、消費税等の転嫁・表示に関し、この「考え方」に基づいて独占禁止法及び関係法令を適切に運用することとし、消費税等の適正かつ円滑な転嫁に資するとともに、消費税率の引上げ及び地方消費税の導入に伴う便乗値上げカルテルや取引上の優越的地位の濫用行為等の独占禁止法違反行為につい

ては厳正に対処することとしている。

この「考え方」においては、特段の記載のない限り、「消費税率の引上げ」とは、消費税率の引上げと地方消費税の導入により、消費税と地方消費税とを合わせた税率が5％（1997〔平成9〕年当時）となることをいう。

まず、公正取引委員会の掲げる「ガイドライン」の1つ目としては「消費税率の引上げに伴う転嫁・表示に関する行為についての独占禁止法の考え方」が挙げられ、これについてはすでに本章Ⅱ**3**-2で「原則として違反とならない行為」と、本章Ⅱ**3**-3で「独占禁止法上問題となる行為」を挙げたのでそちらを参照されたい。2つ目の「ガイドライン」としては、「消費税率の引上げに伴う表示に関する景品表示法の考え方」がある。これは、消費税率の引上げに伴い、消費税等の円滑かつ適正な転嫁が行われるためには、その転嫁等に関する表示が適正に行われる必要がある。また、「不当景品類及び不当表示防止法（景品表示法）」は、虚偽・誇大表示など一般消費者を誤認させ、不当に顧客を誘引する表示を規制している（独禁法第4条）。このため、同法の規定に照らして問題となるおそれのある表示を例示し、消費税率の引上げに伴う表示の適正化を図ることとする[52]。

そして、消費税等は、消費一般に広く負担を求めるという性格のものであり、事業者は、消費税等を円滑かつ適正に転嫁するものとされ（「税制改革法」）、必要と認めるときには、消費者にその取引に課せられる消費税等の額が明らかとなる措置を講ずるものとされている。したがって、消費税等を転嫁しない等の表示を行うことは、これが明らかに事実に反する場合はもちろんのこと、事業者の販売価格又は料金（販売価格等）に消費税等が実際に転嫁されているかどうかあいまいなままに、これをことさら強調する場合には、一般消費者にその販売価格等が他に比べ著しく有利であるとの誤認を生じさせるおそれがある。したがって、次に挙げるような表示は、景品表示法上問題となるおそれがある。この問題について、以下に5つほど表示例を挙げる[53]。

1. 消費税等を事業者が負担している旨を、その根拠があいまいなままにことさら強調することにより、その販売価格が他に比べ有利であるか

のような表示。

> 〈例〉
> ① 消費税及び地方消費税は転嫁していません。消費税及び地方消費税は一部の商品しか転嫁していません。消費税及び地方消費税を転嫁していないので、価格が安くなっています。
> ② 当商店街は、消費税及び地方消費税を転嫁しません。
> ③ 消費税及び地方消費税はおまけしています。消費税及び地方消費税はサービスしています。
> ④ 消費税は据え置いています。
> ⑤ 消費税は引き上げずに、当店が負担しています。
> ⑥ 消費税は3％（1989〔平成元〕年当時）分しか、いただきません。

2. 非課税の商品又は役務は、土地、有価証券などごく限られているのに、それ以外の商品又は役務について、消費税等が課税されていないかのような表示。
3. 消費税率の引上げに際して、事業者の販売価格等について、実際には消費税率の引上げ分相当額を超えて値上げしたにもかかわらず、消費税率の引上げ分相当額しか値上げしていないかのような表示。
4. 免税事業者でないにもかかわらず、免税事業者であるかのような表示、又は免税事業者と取引していないにもかかわらず、免税事業者と取引しているかのような表示。
5. 二重価格表示（小売業者が商品又は役務について、実際の販売価格に、これよりも高い価格を併記するなど、なんらかの方法により、販売価格に比較対照する価格を付すことをいう）を行う場合に、税抜きの販売価格の比較対照価格として、税込みのメーカー希望小売価格等を用いる表示。

次に、公正取引委員会における「独占禁止法の運用」を見ると、独占禁止法を運用する行政機関として公正取引委員会が設置されている（独禁法第27

条)。公正取引委員会は、総務大臣の所轄に属し、行政組織上、総務省の外局として位置付けられるが、独立の行政委員会（合議制の行政機関）であるところにその特色がある。

　独占禁止法は、自由経済社会における企業の事業活動の基本的ルールを定めたものであるから、その運用に当たっては、政治的な影響を受けることなく、中立的な機関により公正な運用が図られなければならない。独占禁止法は、絶えず変動する経済事象に適用されるだけに、その運用には豊富な法律知識と経済知識が必要であり、高度の専門性が要求される。

　このため、公正取引委員会は、独占禁止法の運用については、他から指揮監督を受けることなく、独立してその職務を行う（独禁法第28条）。委員長と4人の委員は、内閣総理大臣が、国会の同意を得て任命し、任期は5年である。

　公正取引委員会の事務を処理するために、事務総局が置かれており、事務総局は東京に本局があるほか、札幌に北海道事務所、仙台に東北事務所、名古屋に中部事務所、大阪に近畿中国四国事務所（広島に中国支所、高松に四国支所）、福岡に九州事務所がある。さらに、沖縄県には沖縄総合事務局の中に公正取引室がある。

　公正取引委員会の発する「排除措置命令と審判・審決」は、公正で自由な競争秩序を回復するために、違反行為者に対して、その違反行為を排除する等の措置をとるよう命ずることができ、この排除措置命令は、審決という形で行われる。そして審決という行政処分を行う前に、処分を受ける者に意見を述べる機会を確保し、処分の公正を図るために、審判という慎重な手続がとられる。審判手続は、委員会又は審判官（審判手続を行うために公正取引委員会に置かれる職員）が主宰し、審査官（公正取引委員会の職員）が違反行為を立証しようとし、被審人（違反の疑いを受けているもの）がそれを争うという、裁判に似た手続であり、審判は、原則として公開される。公正取引委員会が「準司法的機関」と呼ばれることがあるのは、審判手続という司法手続に準じた慎重な行政手続を行うことを高く評価してのことである。審判が審判官によって行われたときは、被審人は、委員会に対し、直接意見を述べる機会を要求することができる。審査の結果違反行為が認められても、直ちに審判開

始決定をせず、違反者に排除措置を勧告し、違反者がこれを受け入れた（応諾した）場合には、審判手続を経ないで、勧告と同趣旨の審決（勧告審決）を行う。これら大部分の事件はこの手続で処理され、勧告を応諾しない場合には、審判開始決定を行い、審判手続を経た後、違反事実の有無、排除措置の必要性等に応じて審決（審判審決）を行う。

そして、審判手続の途中で、被審人が違反事実と法律の適用を認めて排除措置の計画書を提出した場合、それが適当であれば同趣旨の審決（同意審決）をすることができる。そして審決の効力は、被審人に審決書の謄本が到達したときから生じる。なお、審決を出すまで手続的に時間がかかって、その間違反行為を放置しておけない場合には、公正取引委員会は、東京高等裁判所に対し、緊急停止命令を出すよう申立てをすることができる。

また、「課徴金」に関して公正取引委員会は、カルテルが行われた場合に、カルテルを行った事業者や事業者団体の構成事業者に対して、カルテルの排除措置のほかに、課徴金を課すことになっている（独禁法第7条の2、第8条の3）。

その課徴金は、カルテル禁止規定の実効性を確保するために、一定の算式によって計算した額を国庫に納付することを命ずる行政上の措置である。

そして課徴金は、販売価格の引上げカルテルや価格決定カルテル、入札談合のほか、生産数量、販売数量、設備などの制限をして価格に影響を与えるカルテルが行われた場合に課される。課徴金問題に関して、詳しくは後程言及して論じる[54]。

以上のように、公正取引委員会としては、消費税転嫁カルテルに対して、法の適正かつ厳正な運用について万全の努力をして活動しているように思われる[55]。もっとも、企業側や消費者側としても公正取引委員会の活動がきちんと機能しているかどうかをしっかりと監視すべきであろう。

4-2 カルテルにおける課徴金

消費税転嫁カルテル問題を語る上で、切っても切り離せなくその周りに取り巻いているものが、これから述べる課徴金である。

1977（昭和52）年の独占禁止法改正により、カルテル規制について新たに

課徴金制度が導入された。それまでは、カルテルに対して公正取引委員会が審決という形で出す排除措置命令しかなく、同命令にそれほど強いカルテル抑止力があったとはいえなかった。違反企業とすれば、カルテルをしたことが公表され、また、自らもそのことを周知させなければならないという社会的な屈辱感を忍ばなければならないという程度のものであり、その苦痛もたび重なるうちに次第に緩和され、鈍くなる。このためか、それなりに社会的責任も重いはずの大企業の中でさえも、同じようなカルテルをくり返すという例も多く見られた。

また、抑止力に関していえば、公正取引委員会の出す審決よりも、審査中あるいは違反審決後の一定期間の間は、関係企業の社長ないし関係団体の責任者にとって、生存者叙勲の対象からはずされるという効果のほうが、むしろ脅威となり、それも叙勲の時期に近づいた社長を持つ企業ほど切実であったというのが偽ることのできない実情であったといってもよいであろう。

課徴金制度の導入は、このような企業のカルテルに対する考え方ないし姿勢に大きな変化をもたらした。それは、価格カルテル等を行えば、自動的に課徴金が課せられることになり、その結果、カルテルを行った企業にしてみれば、経済的な実損を受けることになるということから生じる必然的な変化であったといえる。

また、課徴金制度が導入された1977（昭和52）年から1985（昭和60）年までの約8年間における同制度の運用の実績を見てみると、課徴金が徴収されたカルテル事件は47件で、その対象企業の総数は780社、課徴金総額は約92億5,000万円、1社当たり平均課徴金額は約1,200万円、上場企業だけで見れば1社当たり平均約4,500万円、これまでの徴収最高額は1事件では約12億円、1事業者では3億5,000万円である。また、課徴金に対しては、企業経理上損金算入が認められていないので、企業としては実際に課徴金額の倍額の経済的な実損を被るということになる。

この課せられる金額は、中小企業等にとどまらず、大企業といえども無視できるほど生やさしい金額はない。それだけ課徴金制度によるカルテル抑止力が働いているということになる。そこで、企業としてもこれまでと異なる

対応をするのは必然であり、その変化は次のように現われている。

 第1は、表面に現われたカルテル事件件数の減少である。これには、2つの原因が考えられる。

 1つ目は、企業としてカルテルが割に合わないということから、いたずらにカルテルに依存しなくなったことである。社会的に名のとおった企業ほど社内での責任体制をはっきりさせ、現場での業界の親睦という名をかりた形で、安易にカルテルに走ることのないように注意を払うようになったということがしばしばいわれている。2つ目は、カルテルのやり方がこれまで以上に巧妙化し、ヤミに潜み、カルテルの証拠を残さなくなったということである。これまでに摘発された何件かの違反事件を通してみても、かつてのように無邪気にカルテルの証拠を残しておき、ファイル1冊を押収すればそれで事件はほぼ"終止符を打つ"という単純なケースは今では皆無であり、証拠があっても断片的であるというのが普通の形となっている。企業としてもそれだけ覚悟をして危ない橋を渡っているということなのであろう。

 第2は、仮にカルテル事件として立入検査を受けたとき、企業は直ちに代理人（弁護士）に依頼して事態に対処するようになっている。代理人は、違反とされる行為の範囲（それは、また課徴金算定の基礎となる）を極力最小限に抑えこもうとその努力を集中する。先に述べた公正取引委員会側としても、「この課徴金制度の運用については、法律の規定で裁量が許されていないのであるが、そうかといって私達も決して形式的、画一的な運用をしているわけではなく、準罰則である課徴金の運用についてはそのための事実認定や証拠等を一層慎重な態度で取り扱っているというのが実情である」（関西経済連合会『経済人』1983年8月号所収、伊従寛前公正取引委員会事務局長）という姿勢をとっているし、「であるから、課徴金の納付命令についても、最近では業界の方も一応は納得して下さっている場合が多いのではないかと思います」（同前発言）ということになる。

 また、このようなお互いの努力が実らないとき、つまり、お互いの間の主張に相当の開きがあるときは、違反被疑事件は徹底的に争われるということになる。おそらく支払わなければならなくなる課徴金額を考えれば、争うこ

とのために要する経費などは、課徴金の支払いを延ばすことによって十分にまかなえるという計算も成り立っているものと考えられる。事件によっては10名以上の優秀な弁護士による弁護団が編成される例もあり、その争い方もきめ細かいものになっていることはこれまでの例をはるかに超えている。

ここでは、課徴金の納付を命じられる立場に陥った企業、また独占禁止法遵守を志す企業・実務家に対しての立場（当初述べたように企業主権の立場による）からなるべく述べていく。また、違反被疑事件の審査はどのようにして行われるのか、カルテルにおける課徴金の仕組みを論じる。

まず、課徴金の対象となる行為の事業者については、独占禁止法第7条の2に、事業者団体については独占禁止法第8条の3に、それぞれ規定されている。同条に規定されている行為を分解すれば次のとおりである。

> ①事業者が行う不当な取引制限（独禁法第7条の2）
> ②事業者が行う不当な取引制限に該当する事項を内容とする国際的協定等（独禁法第7条の2）
> ③事業者団体が行う一定の取引分野における競争の実質的制限（独禁法第8条の3）
> ④事業者団体が行う不当な取引制限に該当する事項を内容とする国際的協定等（独禁法第8条の3）

のいずれかであって、

> ①商品若しくは役務の対価に係るもの
> ②実質的に商品若しくは役務の供給量を制限することによりその対価に影響があるもの

のいずれかの類型に該当する行為である。

つまり、まず前段に規定する行為は同法第3条後段、同法第6条（のうち、不当な取引制限に該当するもの）及び同法第8条第1項第1号及び第2号（のうち、

不当な取引制限に該当するもの）の規定のいずれかに違反する行為である。したがって、同じく競争を実質的に制限する行為であっても、同法第3条前段（私的独占）に該当する行為は、課徴金賦課の対象とはならない。ただし、同法第8条の3は、課徴金賦課の対象となる行為について、同法第8条第1項第1号又は第2号の規定に違反する行為と規定している。

　独占禁止法第8条第1項第1号は、「一定の取引分野における競争を実質的に制限すること」であって、競争を実質的に制限する行為の規定については何の限定もしていないので、私的独占に該当する行為により、競争を実質的に制限するような場合であっても、事業者団体については課徴金賦課の対象となることがあろう。これに対して、不公正な取引方法に該当する行為の場合は課徴金賦課の対象とは全くならない。

　以上のとおり、課徴金の対象となる行為は、原則として不当な取引制限に該当する行為、いわゆるカルテルである。

　カルテルであれば、国際カルテルも、国内カルテルと同様、課徴金の対象となる。独占禁止法第6条に該当する国際カルテルは、ほとんどの場合、独占禁止法第3条後段にも該当しているものであるので、特に独占禁止法第6条違反行為を列記するには及ばないとも考えられるが、我が国からの参加事業者が1社の場合等の国際カルテルのように、第6条違反としてしかとらえられないものもありうるので、国際カルテルも、課徴金の対象となることを明記したものである。

　課徴金の対象となるのは、カルテルのうち、対価に影響のある類型のもののみである。これは、課徴金制度のねらいがカルテルによって得られた不当な利得を徴収するところにあるから、カルテルであっても他の類型の場合、利得の発生が明確ではないため、前記2類型に限ったものである。また、カルテルが前記2類型に該当するものであれば、そのことで課税の対象となるのであり、それ以上に不当な利得が発生したかどうかは問わないのである。

　次に課徴金問題になるまでの一連の流れとして、まず、「審査手続」について述べると、審査実施の機関である公正取引委員会も一般の行政機関と同様に、職務に必要な一般的な調査を行うため、事業者や事業者団体の従業員

に出頭を求めたり、必要な報告、資料の提出を求めることができる（独禁法第40条）。このような一般的な調査権限とは別に、違反事件を審査するため、後述するような強制権限が認められている（同法第46条第1項）。この強制権限は、公正取引委員会自体の権限として規定されている。しかし、公正取引委員会自身が直接にこの調査上の強制権限を行使することは実際上は皆無であって、公正取引委員会が相当と認めるときは、政令で定めるところにより、公正取引委員会の職員を審査官に指定し、その権限を行使させることができる（同条第2項）ことになっているので、実際は、すべて審査官を指定して審査実施の機関としている。審査官の指定は、公正取引委員会事務局の審査部及び地方事務所の職員のうち、事件の審査を行い、及び審判に立ち会うため必要な法律及び経済に関する知識経験を有するものについて行われる（同法第46条第2項の「審査官の指定に関する政令」）。

次に「審判手続」の法的性格として、1つ目は、「行政手続としての審判」である。これは、公正取引委員会は行政法上の行政機関であって、その処分は審決という特別の形式によるとはいえ、その内容は違反者に対し作為又は不作為を命ずる命令行為であり、典型的な行政処分にほかならない。したがって、審判は行政処分の事前手続としての行政手続として性格づけられる。この側面を強調すれば、審判手続は、行政処分をする公正取引委員会と行政処分の相手方である被審人との二面的な関係で進行することもごく普通な形ということになる。このことについてはいろいろ議論されているところである。

2つ目は、「準刑事手続としての審判」である。これは、審判手続には刑事訴訟手続に似た部分が多く、強制権限によって押収した証拠や調審査書等によって審査官が審判において事実を明らかにする責任を持つという手続が刑事訴訟手続に類似している。そのため、審判の冒頭手続は、刑事訴訟の冒頭手続と冒頭陳述に、その他証拠調の請求、参考人の審訊なども刑事訴訟法と類似の規定であり、さらに、参考人、鑑定人の資格、証言等の拒絶権、宣誓については、刑事訴訟法の関係規定を準用しているなど、審判の手続は刑事訴訟手続に近い方式となっている。

3つ目は、「準民事手続としての審判」である。これは、公正取引委員会

の審決は、他の行政庁の行う行政処分とは異なり、準司法機関としての組織と権限を備えているところから、審決取消訴訟における一審かつ唯一の事実審として東京高裁の専属管轄が認められている。

いうまでもないことだが、「審判手続の主宰者」は、「専判機関としての公正取引委員会」であり、審判手続は、審判開始決定書の謄本が被審人に送達されてから審決が効力を生ずるに至るまでの一切の手続を指す。この手続を一貫して主宰していくのが公正取引委員会である。審判機関としての公正取引委員会の構成については、委員長及び2人以上の委員が出席して行うこととされる。

また、「審決」とは、違反事件について、関係人に対してとるべき措置を命ずる命令が審決である。審決の種類としては、勧告応諾に伴う勧告審決、審判の途中で被審人が事実と法令の適用を同意して行う同意審決及び審判終結後に行う審判審決がある。また、審決は原則的には排除措置を命じるが、例外的には排除措置を命じない審決「違法宣言審決」もある。審決の種類としては、以下のようなものがある（追記：但し、下記「1. 勧告審決」及び「2. 同意審決」は、平成17年度改正により廃止された）。

1. 勧告審決

　独占禁止法に違反する場合に、違反者に対して必要な措置をとることを勧告することができる（旧・独禁法第48条）が、これが応諾された場合は、公正取引委員会は審判手続を経ないで勧告と同じ内容の審決を行う。これが勧告審決である。勧告審決は文書によって行われる。この審決書には主文（命ずべき措置）、認定事実及び法令の適用が記載され、委員長及び合議に参加した委員が署名押印する。公正取引委員会が出す審決の中で最も多いのは勧告審決である。独占禁止法違反事件に対して1985（昭和60）年3月末までに出された全審決747件中、勧告審決は566件で全体の約8割弱を占める。

2. 同意審決

　審決決定が行われ、審判開始決定が被審人に対し送達された後、被審人が

同決定書類の事実及び法律の適用を認めて、公正取引委員会に対し、その後の審判手続を経ないで審決を受ける旨を文書をもって申し出、かつ、当該違反行為の排除をするために、あるいは当該違反行為が排除されたことを確保するために自らとるべき具体的な措置に関する計画書を提出することができる。公正取引委員会がこれを適当と認める場合は、その後の審判手続を経ないで、提出された計画書記載の具体的措置と同趣旨の審決をする（旧・独禁法第53条の3）。これが同意審決と呼ばれる。同意審決は裁判上の和解に似た制度であるが、和解の場合は、両当事者が歩み寄り、その主張が調整された上で行われるのに対し、同意審決にあっては、被審人が一方的に事実及び法律の適用を認めるものである点が異なる。

3. 審判審決

　審判手続を経た後に出される正式審決のことである。審判審決は、排除措置を命ずる審決と排除措置を命じない審決とに区別される。

　審判を受ける対象者である「当事者」は事業者である。事業者については、独占禁止法第2条第1項で、「この法律において事業者とは、商業、工業、金融業その他の事業を行う者をいう……」と定義されている。したがって、商業、工業、金融業はもちろん、それ以外の鉱業、農業、林業、水産業、サービス業などの経済的事業は広く包含される。社会福祉事業、教育事業などは経済活動を目的とするものとはいえないため、事業には含まれない。しかし、これらの業務を行う者がその本来の業務以外に経済活動に属する業務、例えば書籍の出版や物品の販売をあわせて行えば、その限りにおいては事業者となる。事業は経済活動である限り、営利事業であるか否かは問わないため、消費生活協同組合や農業協同組合なども経済活動を行う限り、事業者となる。

　また、医師、弁護士、会計士など自由職業に従事する者が、独占禁止法上の事業者に含まれるかどうかについては従来から議論されてきた。しかし、近年では建築家協会、医師会及び歯科医師会が相次いで事業者団体と認定され、独占禁止法に違反するという審決が出されている。このように自由職業

に従事する者も次第に独占禁止法上は事業者であると判断されることが多くなっている。各種学校（料理学校、洋裁学校）、自動車教習所、私塾などは、営利事業とみられ、従来から「事業者」に含まれると解されている。これに対し、労働者や労働組合は、当然のことながら、「事業者」ではない。不当な取引制限は、「事業者が……他の事業者と共同して」行うものであるから、2つ以上の事業者を予定している。共同して行う行為、いわゆる共同行為の当事者間に競争関係があることが必要か否かについては、明文上の規定はない。公正取引委員会では、かつて、不当な取引制限の当事者は、競争関係にある事業者であることを要せず、したがって、共同行為は同業者間の横の協定（水平的協定）だけでなく、取引段階の異なる事業者間の縦の協定（垂直的協定）も含まれるとの考え方のもとに法を運用していたが、これに対して東京高裁は、「新聞販路協定事件」の判決（昭和28年3月9日）で、縦の協定について同法第3条後段の適用を否定し、共同行為の当事者を競争関係にある事業者に限定した。

　つまり、同法第3条後段にいう「事業者とは法律の規定の文言の上ではなんらの限定はないけれども、相互に競争関係にある独立の事業者と解するのを相当とする。共同行為はかかる事業者が共同して相互に一定の制限を課し、その自由な事業活動を拘束するところに成立するものであって、その各当事者に一定の事業活動の制限を共通に設定することを本質とするものである。したがって当事者の一方だけにその制限を課するような行為は、その事情によって私的独占又は不公正な競争方法に当たる場合にあるとしても、ここにいう共同行為に当てはまらない。また一群の事業者が相集って契約協定等の方法によって事業活動に一定の制限を設定する場合であって、その中に異種又は取引段階を異にする事業者を含む場合においても、これらの者のうち自己の事業活動の制限を共通に受ける者の間にのみ共同行為が成立するものといわなければならない」。これは、例えば、新聞の発行業者同士の間にはカルテルは成立しても、新聞の発行業者と新聞販売店との間にはカルテルは成立しないという考え方である。公正取引委員会では、この判決後、競争関係にない事業者間の協定をカルテルとして取り上げたことはない。

もっとも、この判決に対しては、異論もかなりあり、もっと広く考えるべきであるという説も有力である。ちなみに、アメリカのシャーマン法では、水平的カルテルも垂直的カルテルも同様に、取引制限として違法であるとされている。

　また、公共の利益という立場から見た、カルテルにおける共同行為については、独占禁止法の適用除外法に基づき、本来、独占禁止法第22条にいう特定の事業に該当しないものまでが適用除外を受け、さらに、それぞれの法律中に適用除外を定める事業法が現われるに至っているという独占禁止法の改正等の経緯にかんがみ、独占禁止法は、共同行為により一定の取引分野における競争を実質的に制限する行為であっても、その行為の実質において同法の趣旨、目的に反しないものがありうることを予定しているものと解されるとしている。すなわち、いわゆる非本来的な適用除外立法に該当するような場合が、例外的な場合として比較衡量の対象となるものと考えられていると理解される。そして、不当な取引制限（カルテル）に関する限りは、適用除外立法は大体において整備されているとみられるので、それ以外に、"公共の利益に反し"ないと認められるような具体的事例は実際上考えられず、これら適用除外法に定められている手続的要件を踏まず、緊急的に行ったような場合に限られ、実務的には、"公共の利益に反して"を、「同法の直接の保護法益である自由競争経済秩序に反すること」と把握したこれまでの公正取引委員会の運用とそれほど大きな差は生じてないと考えてよいであろう[56]。

　なお、「課徴金の対象となるカルテル」については、本章Ⅱ❸-3の「禁止（違反）の場合」や本章Ⅱ❹-1「公正取引委員会の対応」を参照してもらいたい。

❺　おわりに

　以上のように消費税転嫁カルテルを取り巻く諸問題を検討してくると、消費税の転嫁・表示に関するカルテルの独占禁止法からの適用除外の場合には、法的意味はあまりないと結論でき、適用除外法が制定された理由は主として政治的なものと思われるのではないだろうか。消費税導入については種々の

反対が強かったことはいうまでもない。そこで、政府・自民党としてはあらゆる手を尽くして消費税導入を援護しなければならない事情があった。まさにその1つが「消費税転嫁・表示のカルテル」である。1つ目は、産業界に根強く残存する反独占禁止法感情を利用して適用除外を認めることによって反消費税感情を和らげようという作戦である。2つ目は、適用除外を与えることによって、カルテルに法の「御墨付」を与えることである。公正取引委員会側の立場としては、この適用除外カルテルを隠れ蓑にした秘密の便乗値上げのカルテルが行われることがないように、厳重な監視をすべきものと考えたのであろう。結局のところ、現行の消費税法は、誤れる発想に基づくものであって、まだまだ再検討の必要があると考えられるのではないか。現に、私が思うに便乗値上げに関する問題はいまだ水面下な問題のままである。

　また、消費税転嫁カルテルは、消費税法のかかえている矛盾解決の源泉の役割を担うものではなく、その制度の目的を実現することすら困難であり、経済的不公平を増幅し、競争秩序への挑戦ともいうべき混沌の素を生みだす。そして、そのような消費税転嫁カルテルを導入しなければならない。また、「消費税転嫁カルテル」という名称は、私が思うに「適用除外・禁止問題」を語る上で妥当ではないのではないかと考える。何故、消費税法に伴う禁止行為時に該当した場合の名称として「カルテル」と言い、「消費税談合（等）」と言わないのであろうかという疑問が残るが、今後の検討課題にしておきたい。また、先に述べたように「企業主権」という観点から消費税転嫁カルテルを広義に考えた場合、企業それ自身が前述した禁止行為とされているカルテル行為を行った場合には、当然に国は課徴金という罰金刑もあわせて科す。しかし、その額はいくら脅威とはいえ、やはり巨大企業に対しては、その企業が一瞬にして倒産するような巨額な罰金にはならない。単純に考えれば、そのような巨額の罰金を企業に対して科せば、その企業に働いている人々全員が一瞬にして職を失うわけである。そうならないように、国が企業に対して罰金を科す場合には、いかようにしても"反省させる"ような金額になる（もっとも近年では、懲りずに何度も同じカルテル行為をした企業に対しては罰金額が増えてきている例もあるように見受けられる）。国側としても、巨大企業を倒産させてしまっ

ては、そこに働いている人々が職を失い、その影響で経済が悪化し、さらに、その企業が商品をつくって販売をする際に大型間接税として科される消費税が、その企業を倒産させることによって、国に間接税としての税金が入らなくなるわけである。このことから、国側の対応としては、巨大企業に対して、あまり物を言えない状況に陥るのではないか。また、これは逆に、中小企業やさらに末端の零細企業になればなる程、国に対しての上記のような影響力は徐々になくなり、立場が悪くなることを意味している。

特に近年では、企業が独占禁止法におけるカルテルの禁止行為をした場合に、国側の課税金を払わせる対象者が、企業それ自身ではなく、企業内でカルテル行為を支持・指導した人となるケースも出るだろう。これは、企業側としたら全くの脅威になるのではないだろうかと筆者は考える。

なお本章では、消費税を3％（1989〔平成元〕年4月当時）から5％（1997〔平成9〕年4月当時）に増税するに至るまでの諸問題に関してのこれまでの経緯及び動向をメインとして取り上げたが、現在は消費税は8％（2014〔平成26〕年4月以降）となっており、今後の政府の動向としては、さらなる増税の意向であると思われる。

註

1　不公正な取引方法の規制（禁止）については、独占禁止法第2条第9項及び一般指定条項、特殊指定条項に明文の規定が明記されている。
2　詳しくは、公正取引委員会事務局編『独占禁止法適用除外制度の現状と改善の方向』（大蔵省印刷局、第1版、1991）1頁以下に詳細な解説がある。
3　独占禁止法第8条「事業者団体は、次の各号のいずれかに該当する行為をしてはならない。
　一　一定の取引分野における競争を実質的に制限すること。
　二　第六条に規定する国際的協定又は国際的契約をすること。
　三　一定の事業分野における現在又は将来の事業者の数を制限すること。
　四　構成事業者（事業者団体の構成員である事業者をいう。以下同じ。）の機能又は活動を不当に制限すること。
　五　事業者に不公正な取引方法に該当する行為をさせるようにすること。」

4 独占禁止法第21条「この法律の規定は、著作権法、特許法、実用新案法、意匠法又は商標法による権利の行使と認められる行為にはこれを適用しない。」
5 独占禁止法第22条「この法律の規定は、次の各号に掲げる要件を備え、かつ、法律の規定に基づいて設立された組合（組合の連合会を含む。）の行為には、これを適用しない。ただし、不公正な取引方法を用いる場合又は一定の取引分野における競争を実質的に制限することにより不当に対価を引き上げることとなる場合は、この限りでない。
　一　小規模の事業者又は消費者の相互扶助を目的とすること。
　二　任意に設立され、かつ、組合員が任意に加入し、又は脱退することができること。
　三　各組合員が平等の議決権を有すること。
　四　組合員に対して利益分配を行う場合には、その限度が法令又は定款に定められていること。」
6 独占禁止法第23条「この法律の規定は、公正取引委員会の指定する商品であつて、その品質が一様であることを容易に識別することができるものを生産し、又は販売する事業者が、当該商品の販売の相手方たる事業者とその商品の再販売価格（その相手方たる事業者又はその相手方たる事業者の販売する当該商品を買い受けて販売する事業者がその商品を販売する価格をいう。以下同じ。）を決定し、これを維持するためにする正当な行為については、これを適用しない。ただし、当該行為が一般消費者の利益を不当に害することとなる場合及びその商品を販売する事業者がする行為にあつてはその商品を生産する事業者の意に反してする場合は、この限りでない。
　(2)　公正取引委員会は、次の各号に該当する場合でなければ、前項の規定による指定をしてはならない。
　　一　当該商品が一般消費者により日常使用されるものであること。
　　二　当該商品について自由な競争が行われていること。
　(3)　第一項の規定による指定は、告示によつてこれを行う。
　(4)　著作物を発行する事業者又はその発行する物を販売する事業者が、その物の販売の相手方たる事業者とその物の再販売価格を決定し、これを維持するためにする正当な行為についても、第一項と同様とする。
　(5)　第一項又は前項に規定する販売の相手方たる事業者には、次に掲げる法律の規定に基づいて設立された団体を含まないものとする。ただし、第七号及び第十号に掲げる法律の規定に基づいて設立された団体にあつては、事業協同組合、事業協同小組合、協同組合連合会、商工組合又は商工組合連合会が当該事業協同組合、協同組合連合会、商工組合又は商工組合連合会を直接又は間接に構成する者の消費の用に供する第二項に規定する商品又は前項に規定する物を買い受ける場合に限る。

一　国家公務員法（昭和22年法律第120号）
　　二　農業協同組合法（昭和22年法律第132号）
　　三　消費生活協同組合法（昭和23年法律第200号）
　　四　水産業協同組合法（昭和23年法律第242号）
　　五　特定独立行政法人の労働関係に関する法律（昭和23年法律第257号）
　　六　労働組合法（昭和24年法律第174号）
　　七　中小企業等協同組合法（昭和24年法律第181号）
　　八　地方公務員法（昭和25年法律第261号）
　　九　地方公営企業等の労働関係に関する法律（昭和27年法律第289号）
　　十　中小企業団体の組織に関する法律（昭和32年法律第185号）
　　十一　国家公務員共済組合法（昭和33年法律第128号）
　　十二　地方公務員等共済組合法（昭和37年法律第152号）
　　十三　森林組合法（昭和53年法律第36号）
　⑹　第一項に規定する事業者は、同項に規定する再販売価格を決定し、これを維持するための契約をしたときは、公正取引委員会規則の定めるところにより、その契約の成立の日から三十日以内に、その旨を公正取引委員会に届け出なければならない。ただし、公正取引委員会規則の定める場合は、この限りでない。」

7　公正取引委員会HP「知的財産の利用に関する独占禁止法上の指針（最終改正：平成22年1月1日）」〈http://www.jftc.go.jp/dk/guideline/unyoukijun/chitekizaisan.html〉（平成26年3月17日最終閲覧）。

8　公正取引委員会HP「事業者団体の活動に関する独占禁止法上の指針（最終改正：平成22年1月1日）」〈http://www.jftc.go.jp/dk/guideline/unyoukijun/jigyoshadantai.html#cmsD17〉（平成26年3月17日最終閲覧）。

9　公正取引委員会HP「平成12年度　公正取引委員会年次報告」〈http://www.jftc.go.jp/info/nenpou/h12/12kakuron00002-11.html〉（平成26年3月17日最終閲覧）。

10　公正取引委員会HP「平成24年度　公正取引委員会年次報告」〈http://www.jftc.go.jp/info/nenpou/h24/index.html〉（平成26年3月17日最終閲覧）。

11　詳しくは、公正取引委員会HP「平成24年度　公正取引委員会年次報告」〈http://www.jftc.go.jp/info/nenpou/h24/table/table_03.html〉（平成26年3月17日最終閲覧）の附属資料に詳細なデータがある。

12　鶴田廣巳『消費税と租税体系』（日本租税理論学会、1999）を参照。

13　斉藤一昭『実務必携　消費税の処理と決算・申告』（中央経済社、1997年）。

14　富岡幸雄『消費税への対応策――企業と国民の知恵』（中央経済社、1989年）。

15　1. 課税仕入れ等に係る消費税額は、課税仕入れに係る消費税額と外国貨物の引取りに係る消費税額との合計額。2. 消費税額の計算に当たっては、帳簿や請求書、納品書等から課税期間における課税売上げと課税仕入れを集計し、①課税

売上げに係る消費税額については、課税売上げの合計金額（税込み）に105分の100を乗じて税抜きにし、1,000円未満を切り捨てた金額に対し5％を乗じて計算する。②課税仕入れに係る消費税額については、課税仕入れの合計金額（税込み）に105分の4を乗じて計算する。なお、外国貨物の引取りに係る消費税額がある場合には、②で計算した金額に引取りに係る消費税額を加算した金額が、課税仕入れ等に係る消費税額になる。3．基準期間の課税売上高が2億円以下の事業者が簡易課税制度を選択した場合には、仕入れに係る消費税額を計算する必要はなく、課税売上高のみから納付税額を計算できる。

16　柴田勝裕『詳解 消費税法』（財経詳報社、1996年）。
17　日本租税理論学会『消費税法施行10年』（法律文化社、2000年）
18　森信茂樹『日本の消費税——導入・改正の経緯と重要資料』（財団法人納税協会連合会、2000年）。
19　前掲、註17を参照。
20　宮島洋『消費課税の理論と課題〔改訂版〕』（税務経理協会、2000年）。
21　『やさしい消費税〔平成8年度版〕』（財団法人大蔵財務協会、1996年）。
22　宮島洋『消費課税の理論と課題〔改訂版〕』（税務経理協会、2000年）。
23　北野弘久『消費税は廃止できる』（BOC出版、1994年）。
24　北野弘久『消費税はエスカレートする』（岩波ブックレットNo.134、1989年）。
25　平野拓也『日本の消費税はここがまちがい』（毎日新聞社、1999年）。
26　田中章介・田中将『消費税の基本と計算〔平成11年度版〕』（清文社、1999年）。
27　菊地元一「消費税の転嫁カルテルと独占禁止法」（『税務弘報』36（9）、1988年9月、6〜12頁）。
28　公正取引委員会事務局（1988年12月30日）「『消費税の転嫁と独占禁止法』についての手引き」（『公正取引』460、1989年2月、53〜71頁）。
29　独占禁止法研究者有志（1988年12月14日）「消費税の転嫁といわゆる転嫁カルテルについて」（『公正取引』460、1989年2月、72〜73頁）。
30　前掲、註28参照。
31　新飯田宏「消費税と物価——転嫁問題への誤解」（『税務弘報』376、1989年6月、6〜14頁）。
32　今村成和・馬川千里・正田彬・来生新『カルテルと法』（三省堂、1992年）。
33　前掲、註28参照。
34　松下満雄「消費税と転嫁・表示カルテル（特集1・消費税修正すべきはどこか）」（『税経通信』44（8）、1989年7月、98〜104頁）。
35　公正取引委員会ホームページ「独占禁止法概要」（http://www.jftc.go.jp/dokusen/2/index.htm、2001年1月現在）。
36　川井克倭『カルテルと課徴金——企業生命握る独禁審決』（日本経済新聞社、1986年）。

37 前掲、註 **35** 参照。
38 前掲、註 **28** 参照。
39 前掲、註 **34** 参照。
40 高橋祥次「消費税の転嫁に関する特別の立法措置と国会審議等の経緯」(『公正取引』460、1989 年 2 月、7 〜 10 頁)。
41 山本和史「『「消費税の転嫁と独占禁止法」についての手引き』について──『消費税の転嫁の方法の決定』と『消費税についての表示の方法の決定』についての共同行為(カルテル)に関する臨時、暫定的な措置、その他関連する事項を中心に(特集・消費税の転嫁と独占禁止法)」(『公正取引』460、1989 年 2 月、13 〜 25 頁)。
42 糸田省吾「消費税の転嫁と独占禁止法に関する基本的考え方(特集・消費税の転嫁と独占禁止法)」(『公正取引』460、1989 年 2 月、4 〜 6 頁)。
43 公正取引委員会ホームページ「消費税率の引上げ及び地方消費税の導入に伴う転嫁・表示に関する独占禁止法及び関係法令の考え方」(http://www.jftc.go.jp/dokusen/3/ctgl/index.htm、2001 年 1 月現在)。
44 前掲、註 **35** 参照。
45 前掲、註 **43** 参照。
46 「決定」は、事業者団体の正規の意思決定機関の議事を経た明示の決定に限られず、事業者団体の意思形成と認められるものであれば、慣行等に基づく事実上の決定も含まれる。
47 公正取引委員会ホームページ「消費税率の引上げ及び地方消費税の導入に伴う転嫁・表示に関する独占禁止法及び関係法令の考え方『独占禁止法上問題となる行為』、『原則として違反とならない行為』」(http://www.jftc.go.jp/dokusen/3/ctgl/index.htm、2001 年 1 月現在)。
48 前掲、註 **27** 参照。
49 山本和史「消費税の実施に伴う公正取引委員会の取組と対応」(『公正取引』465、1989 年 7 月、18 〜 22 頁)。
50 公正取引委員会事務局官房企画課「公正取引委員会における今後の活動」(『公正取引』460、1989 年 2 月、51 〜 52 頁)。
51 消費税率は、所得税法及び消費税法の一部を改正する法律(平成 6 年法律第 109 号)において、3%を4%に改めることが規定されていた。また、地方税法の一部を改正する法律(平成 6 年法律第 111 号)において、新たに創設された地方消費税の税率は、消費税額を課税標準としてその 25%(消費税率換算で 1%)とされている。したがって、消費税と地方消費税を合わせた税率は 5%(1997〔平成 9〕年当時)となり、これは 1997(平成 9)年 4 月 1 日から施行されている。
52 この項において表示とは、例えば、値札、ラベル、店頭表示、ビラ、チラシ、パンフレット、新聞、雑誌、放送による広告その他をいう。

53 前掲、註 43 参照。
54 前掲、註 35 参照。
55 公正取引委員会（昭和 63 年 12 月 14 日）「独占禁止法研究者有志の提言についてのコメント」（『公正取引』460、1989 年 2 月、73 頁）。
56 前掲、註 36 参照。

第3章
ICT業界と独占禁止法

I 携帯電話市場における諸問題

　この章では、高度情報政策と関連法を中心として、携帯電話業界におけるMNP（Mobile Number Portability）制度について考察していく。近年、携帯電話業界の技術革新は目覚しい勢いで進んでいる。それに伴い、政府や総務省が掲げる高度情報政策が重要視され、各所で研究会や報告会がテーマとして取り上げ、話し合われている。本章では、高度情報政策である、MNP制度等について、その法政策としてのMNP制度や関連法（独占禁止法、規制法等）の在り方について論究し考察をしている。

　本章Ⅱは序論、結語の類を含めて、全部で6つの本論からなる。まず**1**では、総務省が掲げた「平成18年度ICT政策大綱」（2005〔平成17〕年8月30日）の「ユビキタスネットワーク基盤整備」の一部を支えるための情報通信政策の一環である携帯電話の番号ポータビリティ制度のことを携帯電話業界の旧制度と新制度に分類して解説している。その際に、携帯電話業界の市場が、ユーザーの利益が確保された競争状態になるためには、総務省が推進する新制度である高度情報通信社会実現に向けた情報通信政策の一部でもある携帯電話の番号ポータビリティ制度及びFMC（Fixed Mobile Convergence）制度等の導入が不可欠であり、ユーザーの利益の増進という観点から、諸問題に関して、しっかりとした高度情報政策である携帯電話の番号ポータビリティ制度等の諸制度と諸規制法をより重要視して考えていくべきではないかと考察している。

次に **2** では、携帯電話市場における諸問題として、**2**-1で携帯電話サービス事業者における市場障壁問題と独占禁止法との関わりや携帯電話事業者と契約して加入した後のユーザーに対しての競争不成立問題について、旧制度と新制度の比較をし、新制度が消費者にとって好ましいことを論じ、**2**-2のMNP制度導入の経緯では、米国をはじめとして、日本でも、2006（平成18）年4月に、移動通信事業の所管官庁である総務省が本格的に取り組み始めて開始したが、既に技術的な面で様々なトラブル（サービス会社間での顧客の契約移行手続等において）や法律違反問題（サービス会社における「不当景品類及び不当表示防止法〔景品表示法〕」等）が発生していることについて考察している。

　次に **3** では、総務省の対応・方針として、新制度導入に向けて研究会やガイドラインが頻繁に行われ、携帯電話の番号ポータビリティ制度の導入に際して、独占禁止法等の諸関係法律に対して慎重な考えであり、また必要不可欠である①電気通信番号規則、②電気通信事業報告規則を改正するための省令案を講じていることから、いかに今回の高度情報政策に対して問題意識を持って取り組んでいるかを論じている。

　次に **4** では、新制度の仕組み及び影響について、**4**-1でMNP制度の各種仕組みや各キャリア間での交換性について述べ、**4**-2でMNP制度の導入に伴い携帯電話市場やそれを取り巻く市場の活性化における利点・欠点問題について考察している。

　次に **5** では、高度情報政策の今後について、**5**-1でICT（Information and Communication Technologies）政策（ユビキタス構想）である「平成18年度ICT政策大綱」を総務省が公表し、今後の国際化に向けての情報化社会ともいうべきICT社会の実現に必要な情報通信政策において「ユビキタス」という理念が重要な位置を占めていることについて述べ、またそれに伴い **5**-2でFMCサービス制度や今後の新しい情報化社会の展望にも触れている。**5**-3で、法整備問題については、将来のユビキタス社会における法整備の革新的な第一歩ともなりうる法案「青少年が安全に安心してインターネットを利用できる環境の整備等に関する法律」を取り上げ、現在においてほとんどの場合、事前に規制をする法律がなく、何か事件や問題が発生してから現行法を

適用するという現状に疑問を唱え、犯罪や事件を未然に防ぐことができる予防法ともいえる、各種規制法の確固たる設立・整備を国家が行うことによって、現状で問題になっている犯罪や事件を未然に防ぐことができるのではないかということについて考察し論じている。

最後に **6** では、結語として高度情報政策の今後において、この携帯電話の番号ポータビリティ制度の導入や FMC 制度等の導入は、将来の ICT 社会ともいうべき高度情報通信社会を形成する政策としては、それに伴う法整備とともになくてはならない基盤となり、まさにユーザーの立場からするとベンダー会社業界の競争を活発にさせるという面と、利用者の利益増進という2つの面で大変に革新的なことになるであろうことについて論じている。また再度振り返って、高度情報政策である MNP 制度の導入に伴い、新たな問題が発生しても、それについて対処できるように、高度情報政策の土台（基盤）になる強固たる法律の整備を事前に早急に取り組むべきであることについて論じている。付して言うなれば、この論文は経済社会における市場（マーケット）を通じて、国と消費者（ユーザー）間に存在する制度及び法（律）というものの重要性について言及している。

II 独占禁止法と高度情報政策（MNP 制度）

1 はじめに

近年、携帯電話業界の理想の形である同一番号を所持したままでサービス事業者を自由に選べ、変更できるようになる制度が、携帯電話業界で実現される兆しが見えてきていた。いわゆる、総務省が掲げた「平成18年度 ICT 政策大綱」(2005〔平成17〕年8月30日)[1] の「ユビキタスネットワーク基盤整備」の一部を支えるための情報通信政策の一環である携帯電話の番号ポータビリティ（MNP）制度のことである。諸外国の中には既に MNP 制度の重要性に気付き、高度情報政策の一環として実行している国もある。日本の場合、総務省の発表によれば 2006（平成18）年の11月1日までに MNP 制度の導入が

開始される予定であったが、少し時期が早まり同年10月24日に様々な議論の結果導入される運びとなったのである。また、MNP制度とは別に固定電話の番号ポータビリティ（LNP:Local Number Portability）制度というのもあり、LMPは、電話回線全般（携帯電話に特化せず）における番号ポータビリティ制度のことである。本章では、主として、MNP制度について、その法政策としてのMNP制度や関連法（独占禁止法、規制法等）の在り方について論究するが、最終的には近い将来に開始されるFMC制度等についての展望にも触れるものである。

　ところで、筆者の判断では、MNP制度について携帯電話番号の旧制度を現状（新制度開始後）から分析すれば、旧制度は、携帯電話サービス事業者と契約をして携帯電話のサービスに加入した後のユーザー（以下、「加入者」という）にとっては、他事業者に乗り換えづらいものであった。すなわち、旧制度下では、携帯電話事業者は携帯電話番号を利用して目に見ることができず離れられない影響力[2]を加入者に対して持っており、ユーザーがそれぞれのサービス事業者に加入してしまうと、競争他社がサービス加入後にユーザーが求めるサービスを展開したとしても、今まで使っていた番号が使えなくなるという理由から、なかなか他事業者のサービスに切り替えられないということになる。

　つまり、旧制度においては、既に携帯電話サービス事業者と契約をしている加入者にとって、当該事業者との契約を解約して携帯電話番号を他の競争相手の事業者が発行している携帯電話番号に変えない限り、ユーザーにとって条件の良いサービス契約に切り替えることができないのである。

　この場合、携帯電話サービスを提供している事業者を他事業者に変更すると携帯電話番号が変わってしまうので、特に携帯電話サービスの長期利用者にとっては番号が変わってしまうのに不便を感じ、なかなか他の競争相手である事業者に契約を変更できない仕組みとなってしまうのである。実質的には、ユーザーが携帯電話サービス事業者に一度加入してしまった場合、その事業者と加入者間の状態は、特殊な状態になってしまっているのである。このような旧制度の市場の状況は、携帯電話事業や通信システムの構造（図表

3-1参照)自体が、市場においてユーザーに対する携帯電話事業者間による「囲い込み」構造[3]のような形態を成立させてしまっているのではないかと考える。その結果、ユーザーが各携帯電話事業者へ加入した後は、携帯電話事業者間における競争は限りなくゼロの状態へと変貌してしまうのである。

　現在、NTT DOCOMO、SoftBank(旧J-PHONE→旧Vodafone)、au(KDDIが旧TU-KA及び旧IDOと合併)などの事業者が携帯電話業界で競争をしている[4]。確かに、最近はいろいろなユーザー向けのサービスを各事業者が競って提供しており、携帯電話サービスの新規加入時のユーザーに対しては、各携帯電話事業者間での競争は成立しており、一見すると、ユーザーの利益になるような有利な競争が業者間で行われているように見える。しかし、これらの携帯電話事業者間での顧客の争奪戦は、事業者間の携帯電話市場におけるあらゆる面での顧客の取り合いが発生させるサービス提供(ユーザーにとって有利な契約を掲げる)の争いであると認識されているが、実際のところは、新規加入者にしか影響を及ぼさないことが多いのである。

　実際に、携帯電話サービスの加入者(ユーザー)にとっては、最近の加入者数の減少にも見られるように当該市場は限りなく「飽和状態」[5]に近いので、業者間での各種のキャンペーンやサービス競争に意味があるとは思われず、既存の加入者(ユーザー)にそれほど影響はしないと考察する。

　旧制度では、携帯電話事業者に加入後のユーザーが所有する携帯電話番号の維持を希望する人々にとって、加入している事業者とは違う他事業者が、自分にとってより良いサービスを提示した場合でも、利用している携帯電話番号を捨てて、他事業者の携帯番号に変えない限り、そのサービスは利用できなかったのである。

　これは、携帯電話の番号を変更したくない加入後のユーザー[6]に対して携帯電話事業者が携帯電話番号を利用して、目に見ることができず離れられない影響力[7]を持つことによりユーザーが他の事業者へと移ることができないという囲い込み状態がおきているのではないかと考える。たとえ携帯電話業者間で競争が行われていて、各事業者がユーザーにとって有益なサービスを提供していたとしても、ユーザーにとっては、サービスがより良いほうの携

図表3-1　携帯電話業界の市場構造（MNPに関して）

(1)ＭＮＰ制度前の構造

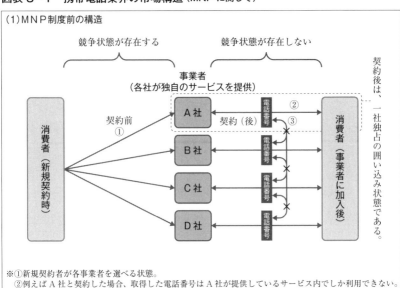

※①新規契約者が各事業者を選べる状態。
　②例えばA社と契約した場合、取得した電話番号はA社が提供しているサービス内でしか利用できない。
　③上記②の例で契約したA社の電話番号は、他社（B・C・D）では、番号を移行して利用できない。

(2)ＭＮＰ制度後の構造

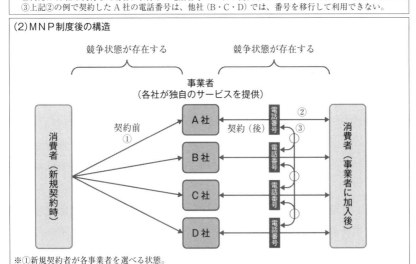

※①新規契約者が各事業者を選べる状態。
　②例えばA社と契約した場合、取得した電話番号はMNP制度を利用することにより、他社に移行可能。
　③上記②の例で契約したA社の電話番号は、MNP制度により他社（B・C・D）に番号を移行して利用できる。その際、携帯電話の本体は当該移行後のキャリアの媒体に変更しなくてはならず、新規契約料金も必要になる。また、契約している料金プランの途中解約時にかかる違約金も自己負担。

（出所）筆者が携帯電話市場の新・旧構造を考えて作成

帯電話事業者に変更してしまうと、携帯電話番号が変わってしまうので、事業者を変えられないという、実際は市場における「競争が存在しない状態」になってしまうのである。

つまり、旧制度では、携帯電話利用者の立場を市場を通して判断すると、いくら携帯電話事業者が事業者間で競争をしているとはいえ、新規加入者（まだ番号を持ってないユーザー）だけがサービス提供競争の的(マト)であり、既にそれぞれの携帯会社に加入して番号を持っているユーザーにとっては、競争はほとんど関係ないのである。

この携帯電話の旧制度の市場構造について、再度振り返って分析してみると、携帯電話の電話番号を変えたくはないという理由から、そのまま当初の事業者との契約を継続している状態、つまり以下の①と②のことが考えられるのである。まず、①他の携帯電話事業者の掲げるサービスが自己の希望するサービスであっても、携帯電話番号が変わるのをおそれて各事業者に容易に移行できない。次に、②携帯電話事業者間において顧客を争奪する競争が成り立っていても、加入後のユーザーに対しては、携帯電話番号という目に見ることができず離れられない影響力[8]を携帯電話事業者が持っているため、加入者は加入している事業者のサービスを継続するしかなく、他事業者間の競争による利益[9]を受けることができない。前述の①及び②の理由から、ユーザーにとっては、旧制度の市場構造自体が不利な状況になるのではないかと判断できる。

以上の点から、本章では携帯電話業界の市場が、ユーザーの利益が確保された競争状態になるためには、今回において取り上げる総務省が推進する高度情報通信社会実現に向けた情報通信政策の一部でもある携帯電話の番号ポータビリティ制度及びFMC制度等の導入が不可欠である。

また、筆者が今回の主題として取り上げたMNP制度の問題については、既に先行論文として情報通信学会等に所属されておられる諸先生方が、①携帯電話端末の価格問題[10]、②キャリアのサービス満足度・利用継続意向度の問題[11]、等のように様々な視点から研究をされている。

筆者は、ユーザーの利益の増進[12]という観点から、当該問題に関して、しっ

かりとした高度情報政策である携帯電話の番号ポータビリティ制度等の諸制度と諸規制法をより重要視して考えていくべきではないかと考え、今回このテーマを選んで、法政策の視点から論じていくこととする。

2 携帯電話市場における諸問題

2-1 業界における市場障壁

近年、携帯電話が普及することにより、携帯電話サービス初期と比べて、誰もが低価格で携帯電話を所持できる時代になってきた反面、ユーザーは便利さだけを求めてしまった。そのため、携帯電話サービスを提供している事業者の根本的な問題、つまり携帯電話業界において携帯の「電話番号」という市場障壁により、携帯電話事業者と契約して加入した後のユーザーに対しては、競争が成り立たない状況になっていることに気付かなくなってしまっている（図表3-1（1）③参照）。

携帯電話は、一般電話回線よりも「いつでもどこでも（ユビキタス）」[13]持ち運べ、その持ち主である本人に直接つながる可能性が高い。したがって、同じ番号を長く所持することで、通話相手に対する社会的信用度（信頼性）が高くなるのである。ここから「電話番号」というものがいかに重要な役割を持っているかが理解できる。

旧制度の携帯電話業界の場合において、携帯電話サービスの加入者は、契約している事業者の枠内でしか各種サービスの選択権はない。したがって、サービスを提供している事業者が、加入者を自然に囲い込むことができるような市場構造になってしまい、競争状態がないに等しい状態となり、それゆえ、加入者が携帯電話事業者の言いなりにならざるをえなくなってしまうのである。つまり、旧制度の携帯電話のサービス制度には、携帯電話番号という目に見ることができず離れられない影響力[14]のある状態が存在してしまうのである。つまり、加入者にとっては、他事業者には気軽に契約変更ができなくなるという不利な状態になってしまうのである（図表3-1（1）参照）。

2-2 MNP制度導入の経緯

　先述したように携帯電話を使用するに至って、その様々な不便さが問題視されるようになったのである。それに伴い、諸外国、特にアメリカにおいて、まさに画期的ともいえる番号ポータビリティ[15]（LNP及びMNP含む）制度が、おおよそ約7年間という歳月をかけて米連邦通信委員会（FCC：Federal Communications Commission）と携帯電話事業者間[16]で開始されたのが、MNP制度の世界的な発端である[17]。その際に、様々な問題が発生[18]したが、2003年11月24日から米連邦通信委員会[19]の強力な介入や各関係機関の協力により全米100都市（図表3-2参照）[20]で始まったのである。また、アメリカは電話番号の方式（規格）が日本とは違い、アメリカの一般家庭で通常に使用されている固定電話番号と携帯電話番号のエリアコード（例：サンフランシスコなら固定・携帯とも同じく「(+1) 415-○○○-○○○」）が同じである。それゆえ、日本よりも、当初の規格からLNP及びMNPの相互交換が容易に行える仕組み[21]になっている。

　日本でも、2004（平成16）年4月に、移動通信事業の所管官庁である総務省が本格的に取り組み始めて、「携帯電話番号ポータビリティの在り方に関する研究会」（本章Ⅱ3-1）という研究会を開催し、広く意見やアンケートを募って報告書を取りまとめた。また、総務省は、携帯電話事業における携帯電話事業者（携帯電話キャリア）の動向が、「携帯電話の番号ポータビリティ（MNP）」制度を開始するに伴って各関係機関と話し合いを行いMNP制度の早期における導入に力を注いできた。そして、2006（平成18）年11月1日までには「携帯電話の番号ポータビリティ（MNP）」制度が携帯電話事業者間で導入され開始される見通しとなっていた[22]が、少し予定が早まり2006（平成18）年10月24日に開始された。それゆえ現時点の執筆段階（2008〔平成20〕年7月現在）では、携帯電話業界において、各事業者が「携帯電話の番号ポータビリティ」制度を導入してから1年半以上が経過するが、既に技術的な面で様々なトラブル（サービス会社間での顧客の契約移行手続等において）や法律違反問題（サービス会社における「不当景品類及び不当表示防止法〔景品表示法〕」等）[23]が発生している。

図表 3-2　米国で WLNP が開始された 100 都市

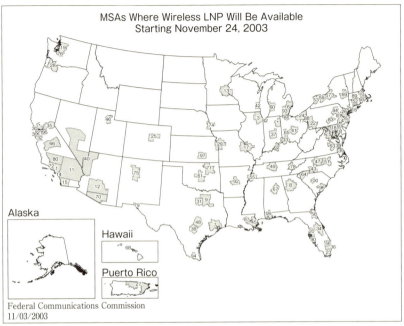

(出所) FCC PROVIDES INFORMATION FOR CONSUMERS ON WIRELESS LOCAL NUMBER PORTABILITY. News Release CGB.
(http://hraunfoss.fcc.gov/edocs_public/attachmatch/DOC-240702A3.pdf)

　また、新制度に先駆けて、TU-KA（携帯電話事業者：ツーカー）が、au（KDDI）に統合され、TU-KA とサービス契約をしているユーザー（加入者）は、2005（平成17）年 10 月 11 日より TU-KA（ツーカー）から au（KDDI）への同一電話番号のままでの契約変更（電話番号を変えずに移行）が開始され au へ契約を移行できるようになる[24]という、ある種の「番号ポータビリティ」サービスが特定事業者間だけで既に行われることとなった異例のケースも生じた[25]。

3　総務省の対応・方針

3-1　各種研究会やガイドライン

　総務省は、2006（平成18）年 10 月 24 日に開始された番号ポータビリティ

(MNP) 制度の導入をするに至って、2002 (平成 14) 年 12 月から「料金設定の在り方に関する研究会」(座長：舟田正之 立教大学教授) が複数回において開催した。その際に、様々なユーザーに対するアンケート結果や意見を組み込んだ形で取りまとめられ、その報告書を受けて 2003 (平成 15) 年 6 月 17 日に、「料金設定の在り方に関する研究会」報告書の公表[26]が各方面においてなされたのである。

そして、2003 (平成 15) 年 6 月 17 日の「料金設定の在り方に関する研究会」報告書の公表に伴い、「携帯電話番号ポータビリティの在り方に関する研究会」(座長：齋藤忠夫 東京大学名誉教授)[27]も、複数回にわたり開催され、上記同様に様々なユーザーに対するアンケート結果や意見を組み込んだ報告書が取りまとめられ、2004 (平成 16) 年 4 月 27 日に公表が各方面においてなされたのである。

先述の 2004 (平成 16) 年 4 月 27 日に公表した「携帯電話番号ポータビリティの在り方に関する研究会」の報告書を参考にして総務省は、「携帯電話の番号ポータビリティ」問題に関し、①「携帯電話の番号ポータビリティの導入に関するガイドライン」の公表[28]を同年 5 月 28 日に発表した。それに伴い、「番号ポータビリティ」制度の導入に係る規定の整備に必要な関連の省令 (電気通信番号規則、電気通信事業報告規則) の一部を改正する省令案である、②「電気通信番号規則の一部を改正する省令案及び電気通信事業報告規則の一部を改正する省令案に関する意見募集の結果並びに情報通信審議会答申」を、様々なユーザーに対するアンケート結果や意見を組み込んだ上で、2006 (平成 18) 年 1 月 25 日に公表[29]して当該制度に対する積極的な取り組みを示した。

次に、前述した①及び②の各研究会やガイドラインが、どのようなものかについて概要を述べていく。

まず、①「携帯電話の番号ポータビリティの導入に関するガイドライン」の公表[30]についてであるが、このガイドラインの構成及び内容としては、以下の (1)～(6) までがある。まず、(1)「目的」において、携帯電話の番号ポータビリティ導入において留意すべき事項を挙げることにより、円滑かつ確実な導入をすることを明言している。次いで、(2)「定義」において、(a)「携

帯電話の番号ポータビリティ」、(b)「発信元事業者」、(c)「移転元事業者」、(d)「移転先事業者」について解説している。そして、(3)「導入」において、全携帯電話事業者は、移動通信システムの全方式について、同時にお互いの間で携帯電話の番号ポータビリティを導入し、新規参入事業者対して番号ポータビリティを提供する。また、(4)「導入時期」において、2006（平成18）年度の早期に携帯電話の番号ポータビリティ制度を導入するよう促している。なお、(5)「実現方式」において、(a)「接続方式」、(b)「番号管理方式」、(c)「検討方法」、(d)「実現方式の見直し」について解説している。最後に、(6)「導入に係る費用負担、利用手続等」において、携帯電話事業者等に対して携帯電話の番号ポータビリティについての費用の回収方法、接続料金の精算方法、運用ルール等を、速やかに独占禁止法や(a)「利用者負担料金」、(b)「運用ルール」、(c)「利用手続」、(d)「個人情報の保護」、(e)「接続試験等に関する協力」との兼ね合いに留意して検討を開始するよう述べている。これに伴い、「携帯電話の番号ポータビリティ」制度の導入に必要な電気通信番号規則及び電気通信事業報告規則の一部を速やかに改正することを検討をしていることにも触れている。

次に、②「電気通信番号規則の一部を改正する省令案及び電気通信事業報告規則の一部を改正する省令案に関する意見募集の結果並びに情報通信審議会答申」の公表[31]についてであるが、これは、前述①のガイドラインで挙げたように、「携帯電話の番号ポータビリティ」制度の導入に伴い、関連する省令の一部を改正するというものである。その構成及び内容としては、以下の(1)～(3)までがある。まず、(1)「改正の目的」において、利用者の利便向上や携帯電話事業者間の競争促進の観点から、携帯電話事業者に対して、携帯電話の番号ポータビリティを導入するための措置をする規定を設けることを明記している。次いで、(2)「改正案の概要」において、(a)「電気通信事業報告規則の一部を改正する省令案」（第8条）[32]、(b)「電気通信番号規則の一部を改正する省令案」（第15条～第22条）[33]を概観している。そして、(3)「意見募集の結果」において、寄せられた意見の概要と総務省の考え方について述べている。

また総務省は、「携帯電話の番号ポータビリティ」制度の導入に際して、必要不可欠である①電気通信番号規則[34]、②電気通信事業報告規則[35]を改正するための省令案を講じている。

3-2　私見（1）[今後のMNPについて]

　前述のように総務省が公表した報道発表（ガイドライン）を見てみると、総務省が「携帯電話の番号ポータビリティ」について、積極的に取り組む姿勢がうかがえる。また、総務省「携帯電話の番号ポータビリティに関する独占禁止法上の考え方」[36]によると、携帯電話の事業者を変更した場合でも電話番号を変更する必要のない"番号ポータビリティ"は、これに関する技術仕様やNTTの接続約款などについては電気通信事業法で規制されているが、その接続方式、管理方式、仕様の共通化、費用の負担方法、利用手続等の具体的な実現方法は、事業者間での協議に委ねられている。ところで、これらの事項に関する協議については、携帯電話事業者間の共通の競争基盤となるものであるから原則として問題とならないが、そこで取り決めた事項の遵守を強制する場合には①排他条件付取引、ないしは、②拘束条件付取引として、また、利用者負担の可否・徴収額や事務手数料など価格に関する取決めをする場合には③不当な取引制限として、独占禁止法上問題となる。また、新規参入者に対して番号ポータビリティを提供しない場合には、④取引拒絶や⑤差別的取扱いの問題が生じるという見解（通説）[37]も示されており、私もそれらの考えに賛成である。しかし、新制度が開始された現在においても各種のこの当該制度と関連する法律に対して十分留意していく必要があると判断する。

4　新制度の仕組み及び影響

4-1　MNP制度の仕組み

　総務省の方針で少し早めの開始となった「携帯電話の番号ポータビリティ」制度だが、携帯電話事業者と契約した携帯電話利用者の中で、「携帯電話の番号ポータビリティ」制度の開始を待ち望んでいるユーザーは、アンケー

図表 3-3 携帯電話利用者の MNP 制度に関するニーズ

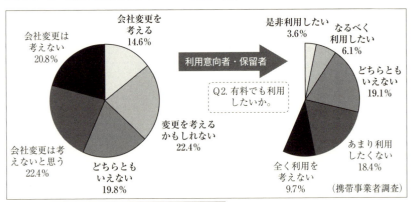

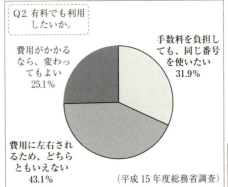

(出所) 総務省「携帯電話の番号ポータビリティの在り方に関する研究会報告書」(2004)
(http://www.soumu.go.jp/s-news/2004/040427_4.html)

ト調査[38]の結果から客観的に分析すれば、過半数の割合を占めている（図表3-3参照）[39]。このアンケート結果[40]からもわかるように、携帯電話を所有しているユーザーにとって、携帯電話の番号ポータビリティ制度の導入は、番号ポータビリティ制度を利用をする際にかかるコスト面を除けば、大きく待ち望まれていたことであると考えられる。携帯電話の番号ポータビリティ制度の仕組み（導入イメージ）(図表3-4参照)としては、主に下記に述べる(1)「転送方式」、(2)「リダイレクション方式」があり、この両方を利用した「併用方式」も存在する。

図表 3-4　番号ポータビリティの構造

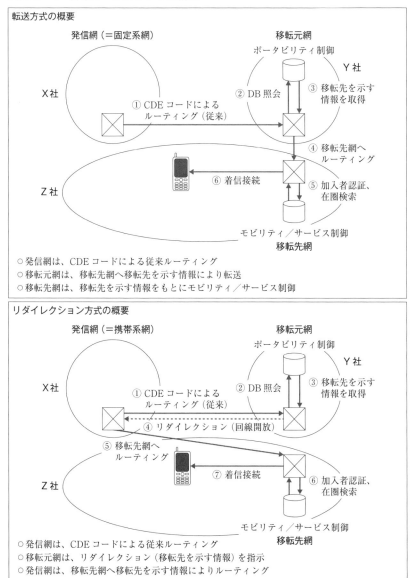

（出所）総務省「携帯電話の番号ポータビリティの在り方に関する研究会報告書」(2004)
　　（http://www.soumu.go.jp/s-news/2004/040427_4.html）

まず、(1)携帯電話通信網から形態電気通信網への接続において最適な「転送方式」は、発信者が発信元の事業者（X社）を通じて、移転元事業者（Y社）に発信されると、Y社は着信先が自己の顧客か他の事業者の顧客かを顧客DB（データベース）により照合をし、他の事業者にMNP制度を利用して移行先の事業者に移行していた場合は、Y社はそのまま直接Z社に回線を転送して着信し通話させるという方式である[41]。

　次に(2)固定系電話通信網から携帯電話通信網に着信した場合の仕組みとして最適な「リダイレクション方式」は、まず発信者が発信元の事業者（X社）を通じて、移転元事業者（Y社）に発信されると、Y社は着信先が自己の顧客か他の事業者の顧客かを顧客DB（データベース）により照合をし、他の事業者にMNP制度を利用して移行先の事業者に移行していた場合は、Y社はX社のほうに一旦回線を戻し、再度X社から移行先のZ社に再度着信接続し直させ通話させる方式である[42]。

4-2　私見（2）[市場競争への影響]

　市場競争への影響として、高度情報政策である携帯の番号ポータビリティ制度が日本において実現された場合、各携帯電話事業者間におけるユーザーの争奪戦が激化[43]し、各事業者とも携帯の番号ポータビリティ制度の導入前よりももっとユーザーにとって魅力的なサービスを提供（ユーザーのニーズに合わせた契約プランの追加）及び各事業者がそれぞれ販売している商品の開発（各種取引のある携帯電話の本体を製造しているメーカーに対して新規機種の開発委託の強化）に力を注ぐようになると考えている。ただし、米国とは違い固定電話から携帯電話への番号ポータビリティやメールアドレス等については対象外である。

　近頃では、米国のある事業者に関していえば、事業者間同士の携帯による通話なら、いくら相手に電話をかけても週末に関しては通話料金が無料であるという契約プランを掲げている携帯電話事業者もあり、サービス内容としては他の事業者の先を行くような内容で、大いに注目された。日本においては、SoftBank（ソフトバンク）が競争他社に先駆けて斬新な新料金プラン[44]

を掲げて広告・宣言を行ったが、その広告・宣伝方法の過激さゆえに競争他社から景表法違反の疑いがあるというクレームを公正取引委員会[45]に出されるほどであった[46]。

　携帯の番号ポータビリティ制度の導入が始まった現在では、ユーザーは携帯電話番号という目に見ることができず離れられない影響力[47]から解放され、各事業者間をやや条件はあるが[48]、自由に渡り歩くことができ（図表3-1(2)参照）、各携帯電話事業者の顧客の争奪心を絶えず刺激することになるであろう。また、新制度が開始されたことに伴って、携帯電話業界に隣接する別の市場でも、思わぬ副産物ともいえる活発化の動きが見られるようになった。それは、携帯電話関係のサービスを提供しているサードパーティーともいえるベンチャー企業間での①携帯電話のデータ管理・編集ソフト会社、②各種の携帯電話向けのコンテンツを提供するコンテンツサービス会社間での市場競争である[49]。

　総務省の方針により、既存のサービス形態に、新たなサービスである「携帯電話の番号ポータビリティ」制度を導入したことによって、携帯電話事業者の市場が活性化され競争が活発化することはいうまでもないことである。実際にMNP制度開始直後には、客観的な数値で分析をするとauの契約者数が8万件増え、ソフトバンクが2万件増え、ドコモの顧客数が6万件減るというという、合計すると約10万人のユーザーが当該制度を利用するに至るという結果が出た[50]。

5　高度情報政策の今後

5-1　ITC業界と政府及び関係省庁の対応・方針（ITC政策及びユビキタス構想）

　本章Ⅰで先述した、政府の「高度情報通信ネットワーク社会推進戦略本部（IT戦略本部）」を内閣に設置したことにより、総務省が掲げた「平成18年度ICT政策大綱」（2007年8月30日）[51]の「ユビキタスネットワーク基盤整備」の一部を支えるための情報通信政策の一環の中に、今後の携帯電話業界向けの諸制度がある。以下で、それらの諸制度（MNP制度、FMC制度）や法的問題（独占禁止法等）について論じる。

将来に向けての高度情報政策である「平成 18 年度 ICT 政策大綱」[52] を総務省が公表した。その中で、「ユビキタスネットワーク基盤整備」[53] が取り上げられている。政府が掲げるものの中の 1 つにユビキタス構想というものがあり、今後の国際化に向けての情報化社会ともいうべき ICT 社会の実現に必要な情報通信政策において「ユビキタス」という理念は重要な位置を占めている。

　また、各所で開催されている ICT 社会関係の研究会の 1 つである「ユビキタスネットワーク社会の実現に向けて——パネルディスカッション」において、道傳氏（NHK チーフアナウンサー）は、「すべての人々が、情報通信がもたらす利便性や利益を平等に受け取ることができるためには、ユビキタスなアクセスができるような情報通信のインフラの整備が欠かせません」と述べており、将来の ICT 社会において MNP や FMC 等の高度情報政策は重要な基盤となるものなのである [54]。

　そもそもユビキタス（ubiquitous）〔語源：ラテン語〕とは、「いたるところに存在する（遍在）」という意味であり、「いつでも、どこからでもアクセスできる環境」を指しており、自分が居る場所に限らずいつでもどこでもインターネット、コンピュータ、電話にアクセスして自分が必要とする情報を操作することができる環境のことを示している。

　インターネットなどの情報ネットワークに、「いつでも、どこからでも」アクセスでき、パソコンや携帯電話といったモバイル化[55] された端末に限らず、インターネットを通して接続することにより家電製品（冷蔵庫やお風呂）、自動車、自動販売機等も連動し稼動させることができるユビキタス・ネットワークは、場所にとらわれないという観念から、ユビキタスにおいての情報端末間はケーブルではなく、無線 LAN やブルートゥースという無線ネットワークで接続されることが理想的であるとされている。

　米国で既に実用化されている無線 LAN によるホット・スポットと呼ばれるノートパソコンや PDA（携帯情報端末）を利用するインターネット接続サービスは、ユーザーが空港、ホテル、スターバックスの店舗等でも利用可能（有料）である。今後の社会においてユビキタス構想が普及すると、場所にと

らわれず娯楽などの情報提供をその場において利用ができるようになる。近年では、どこの家庭にもある電気を供給してくれるコンセントを用いてインターネットに接続ができる規格（PLC）が現われ、それに対応するモデムも2万円以内というリーズナブルな価格で開発された。家庭にあるコンセントにインターネットをする際のモデムを差し込んでPC（パソコン）につなげるだけという簡単な手段で、家庭内LANが構築できインターネットにも接続できることから、従来の複雑な配線や無線LANの届かないエリアまで補うことができるようになったのである。

5-2 FMCサービス制度

　先に述べたようにMNP制度に続いて、総務省が高度情報政策の2つ目として掲げる携帯電話と固定電話を融合させる画期的な通信サービスであるFMC制度が2017年から開始される動向になった[56]。FMCとは、着信側の利用者の居場所に応じて、携帯電話を自動的に切り替え、家の中では固定電話（固定電話回線又はIP電話など）のコードレス子機として使うことができるという、携帯電話と固定電話を融合させた新しいサービスの形態である（図表3-5参照）。FMCは、同一の端末を場所や状況に応じて移動体通信と有線通信の双方で利用できる技術やサービス（携帯電話と、親機となる固定電話機との間の通信は、無線LANやブルートゥースが規格の構想として考えられている）のことで、携帯電話を家庭のコードレス電話の子機や企業の内線電話として利用するサービスが提供されている。利点としては、携帯電話が固定電話の料金で利用できる点、社内外どこにいても1台の携帯電話で連絡がつくようになるという点が挙げられる。

　総務省は、FMC制度の導入に向けて、2007（平成19）年1月26日に情報通信審議会・電気通信事業部会において「FMC（Fixed-Mobile Convergence）サービス導入に向けた電気通信番号に係る制度の在り方」答申（案）に関する意見募集[57]をした。上記の取りまとめられた答申案の中で、課題として既存のサービス区分を超えて提供される可能性があることから、携帯電話、IP電話、PHS等のサービスごとに番号が定められている現在の番号体系との

図表 3−5 （参考）FMC サービスの典型例

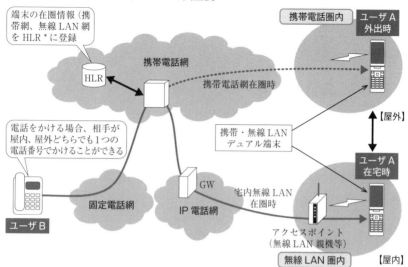

(注)＊ HLR：Home Location Register
(出所) 総務省「『資料 1-5 FMC サービスに係る検討経緯について』通信情報審議会 電気通信事業部会 電気通信番号委員会（第 1 回）（平成 18 年 10 月 12 日（木））」
(http://www.soumu.go.jp/joho_tsusin/policyreports/joho_tsusin/bango/pdf/061012_4_s5.pdf)

整理が必要とされた。また、FMC サービスで利用可能とする番号については、当初計画通りの 060 番号を新規番号に振り当てるほか、050、070、080、090 など既存の番号を利用することが妥当とされている。さらに、総務省は、パブリック・コメントや各種手続などを経て、電気通信番号規則など、総務省の関係省令を今夏にも改正するとしており、省令の改正により、FMC サービス用の電話番号として、携帯電話や PHS、IP 電話番号についても、既存利用者に大きな影響を生じない一定の範囲で新規サービスの利用が可能である。それらにより、サービスが開始されれば、通信業界の市場競争が促進され、料金低下などサービスが向上するものと期待されている。

5-3 私見（3）[今後のユビキタス社会の展望について]

ユビキタス社会の今後については、近年、様々な企業が未来のユビキタス構想に対応した製品を次々に開発し発売している。しかし、テレビ CM や

広告で流行りの AV サーバーやホームサーバーなどに類する機器を、ユビキタス構想と定義付けて広告・宣伝をして、人気に便乗し販売している企業も存在する。このほとんどの製品が、筆者が主張している、本来の意味における「ユビキタス」とは全く違うものである。

なぜなら、これらの製品は、室内等にその端末を置いて、利用者本人がそこに行き利用しないと機能しないからである。先にも述べたが、ユビキタスの本来の意味においては、本人と一緒にその媒体も移動して利用できないといけないからである。

筆者が考える将来のユビキタス構想の理想形態は、「利用者が居る位置で周りに何も存在しない状況から、コンピュータ等を自分の周りにある空間上に突然表示させ、手で空間をタイプして情報を入力し、情報を分析・解析し、空間上の画面に表示させ、必要に応じて様々な媒体（ネットワークを含む）と連動させる」というものであると考える。もちろん、その利用の上で遵守するべき法の整備も重要な問題である。

法整備問題については、先日、将来のユビキタス社会における法整備の革新的な第一歩ともなりうる法案「青少年が安全に安心してインターネットを利用できる環境の整備等に関する法律（案）」（平成 20 年 6 月 18 日法律第 79 号）が、日本の参議院において、2008（平成 20）年 6 月 11 日に可決・成立[58]した。これは、現在の ICT 社会においては、ほとんどの場合において、事前に規制をする法律がないに等しく、何か事件や問題が発生してから現行法を適用するという現状に、大きく影響を及ぼすことになると考える。筆者は、現在のインターネット（電子網）等をなんらかの手段や媒体（機器）により利用する場合において、本来は事前に利用を制限・規制する法律に基づいて、利用を行うべきものであると考えている。つまり、現状では、何か事件や問題が起こった後に、それぞれのケースに関連する現行法を用いて対処をしているので、現状においては、犯罪や事件を未然に防ぐことはできないと言っても過言ではないのである。それゆえ、民間の判断や介入によらない、国家による事前規制の法律等の確固たる整備が、今後においてますます必要になり、それらを施行して遵守させることで、現状で問題になっている犯罪や事件を

未然に防ぐことができると考えている。

　次に、現在においてユビキタス構想を可能にする媒体について考えると、①携帯電話、②腕時計、③PDA 等が有力な媒体であり、それらを高度に進化させた端末を用いることにより、「いつでもどこでも」その端末を使って情報を操作できるのではないかと考えている[59]。①携帯電話に関していえば、今から 20 年前の世の中においては、数千万人の人々が、電話機を携帯して財布や時計と同じように身につけいつでもどこでもパーソナルに持ち運べ、さらには電子メールやカメラ撮影までできるようになるとは誰にも予想できなかったであろう[60]。近年では、スマートフォン（smartphone）[61]という前述の①携帯電話と③PDA が複合された端末が開発され話題になっている。しかし、携帯情報通信端末が高機能になる反面、その端末におけるセキュリティの面で今より強固で革新的な形式の暗号化処理や各種の法整備が求められている。

　総務省が取り組んだ今回の携帯電話の番号ポータビリティ制度は、高度情報政策である「平成 18 年度 ICT 政策大綱」[62]の中の「ユビキタスネットワーク基盤整備」の一部を構成するのに深く関わっており、今後の情報通信政策[63]の実現に向けて、携帯電話の端末の媒体や法整備ともどもなくてはならない存在である[64]。それゆえ、総務省の高度情報政策を幹として、MNP 制度は携帯電話業界及びそれに関連する周辺業界に大きな影響力を与えることになり、各事業者やメーカー間での顧客の争奪戦が今後において FMC 制度ともども、大いに期待される[65]。

　また、今後のユビキタス社会における高度情報政策のとりわけ重要な課題として、筆者が重要だと提唱するのは、近年の携帯（Hardware）とソフトウェア（API：Application Interface）の技術の進歩により可能となった「Skype 携帯」の導入における高度情報政策とそれに伴う法整備の確立である。既に、「Skype 携帯」を先駆けて導入する予定の国としては、アイルランド、イタリア、英国、オーストラリア、オーストリア、スウェーデン、デンマーク、香港、マカオ等があり、今年度（2008 年）に発売予定になっている。日本においても、「Skype 携帯」導入における総務省による諸制度や関連法の整備と、

携帯電話業界の対応や取り組みが今後において期待される。

前述の諸外国に続いて「Skype 携帯（通称：3 Skypephone）」が我が国にも導入されれば、ますます国際化が進み、政府が掲げるユビキタス社会（ICT 政策）により一歩近づくものであると考える。

6 おわりに

以上のように携帯電話の番号ポータビリティ制度を取り巻く諸問題を見てくると、本章Ⅱ 1 で述べたように、旧制度の携帯電話市場の構造自体が、加入者にとっては大変に不満のあるものであることがわかる。それゆえに、今回、総務省が掲げた「平成 18 年度 ICT 政策大綱」[66]の情報通信政策を実現するための一環である携帯電話の番号ポータビリティ制度の導入がされたことは、加入者の利益の増進につながる市場構造を形成する仕組みへと革新するきっかけとなったのではないであろうか。

諸外国（米国含む各国）が「番号ポータビリティ（「LMP」及び「MNP」）」制度に踏み切ったおかげで、国の方針として将来的に日本もユビキタス社会やICT 社会を目指す上で、諸外国に遅れをとるまいという考えなのであろうか、移動通信事業の所管官庁である総務省がそれに追随するような形になり、当初の予定よりも早く 2006（平成 18）年 10 月 24 日に当該制度が導入し開始される運びとなり、それに続き FMC 制度等もサービス開始が予定されるになるまでに至っている。

しかし、携帯電話事業の所管庁である総務省は、携帯電話サービス開始時点から携帯の番号ポータビリティ（MNP）制度やそれに伴う法整備に意識して目を向けず、諸外国の後を追うような後発的な形でようやく当該制度の導入開始に動き出した。こうした対応の遅さについて、なぜ今まで誰も疑問に思わなかったのであろうかと残念である。また、日本が激しい競争社会であるため企業が基礎研究を支えられないことから、国等の予算を使った研究開発では、貴重な血税を使う以上、失敗は「あってはならない」と認識されている。そのために、失敗が許されないというのは、最先端の研究開発をする人間にとっては勇気を失わせる要因となり、大胆な研究ができなくなるとい

う考え[67]もあり、今回の当該制度も、他の先進諸国に追随することとなった。それゆえ、先進国の中でも諸制度において日本が出遅れてしまったのは仕方がないことである。

　この携帯電話の番号ポータビリティ制度の導入やFMC制度等の導入は、将来のICT社会ともいうべき高度情報通信社会を形成する政策としてはそれに伴う法整備とともになくてはならない基盤となり、まさにユーザーの立場からするとベンダー会社業界の競争を活発にさせるという面と、利用者の利益増進という2つの面では大変に革新的なことになるであろうと考える。

　また、高度情報政策であるMNP制度の導入に伴い、新たな問題が発生しても、それについて対処できるように、高度情報政策の土台（基盤）になる強固な法律の整備に早急に取り組むべきである。それにより、来たるべきユビキタス社会に対応した新たな我が国独自の法律[68]の制定に、前もって高度情報政策問題として取り組んでおくことが必要不可欠ではないであろうかと考察するに至ったのである。

　筆者としては、今後の高度情報政策やそれに伴う各種関連法の在り方について、引き続き継続して研究対象としていきたい。

Ⅲ　ICT業界と独占禁止法の今後の動向

　筆者は、ユーザーの利益の増進[69]という観点から、当該問題に関して、しっかりとした高度情報政策である携帯電話の番号ポータビリティ制度等の諸制度と諸規制法をより重要視して考えていくべきではないかと考え、今回このテーマを選んで予防法的な存在である規制法の在り方について、携帯電話業界を通して論じるに至ったのである。なお、2018年においては総務省及び公正取引委員会が、携帯電話サービス事業者が、ユーザーとの間の契約の一部に課している、①2年～4年縛り、②違約金を問題視し、格安スマートフォン等を提供する事業者の新規参入を阻害するおそれがあるとして、ようやく行政指導等により是正をうながす方針を示す運びとなった。

註

1 総務省情報通信政策局「平成18年度ICT政策大綱　安心・安全なユビキタスネット社会の創設を目指して」(2005年8月30日) (http://www.soumu.go.jp/s-news/2005/pdf/050 830_1_2.pdf)。
2 筆者が、この場合における状況を表現するのに適切な用語として用いている。
3 携帯電話の市場構造自体が、事業者間でのサービス加入後のユーザーが他の事業者に移行できないようになっていることにより「囲い込み」ができてしまう状態をいう。
4 現在のところ、PHS (Personal Phone Service) は対象外となっている。その理由として、携帯電話と番号帯 (070) が異なることが挙げられる。また、PHSは事業者が相次いで市場を撤退しており、事実上新規加入停止状態である。
5 福岡晃「『携帯電話の番号ポータビリティ』に関する独占禁止法上の考え方の公表」(『公正取引』650、2004年12月、40頁以下)。
6 「携帯電話の番号ポータビリティ」に関するアンケート調査を生活情報マーケティングサービスとして提供している株式会社インフォプラントが、携帯電話を所有している15歳以上のインターネットユーザー1,000人に対して上記調査を行った結果、全体の79.4%の携帯電話利用者が「現在利用している携帯電話の番号を変えることに抵抗があるか？」という問いに対して、「ある(「どちらかといえばある」を含む)」と回答している。
7 前掲、註2を参照。
8 前掲、註2を参照。
9 この場合、他の携帯電話サービス事業者が、今契約している携帯電話サービス事業者よりも、ユーザーにとって有利かつ条件が良い内容のサービス契約を提供していても、携帯電話番号が変わってしまうという不便さから、ユーザーは、なかなか変更して乗り換えることができない。
10 先行研究として、藤原正弘・高崎晴夫「モバイルナンバーポータビリティによる端末戦略の変化 (How to Change the Handset Strategies through the Mobile Number Portability in Japan)」(情報通信学会、2007年) がある。情報通信学会第24回発表では、キャリア側が魅力的なサービスや端末の導入によって、他社からの乗り換えを誘導するかについて研究されて報告されている。
11 先行研究として、ジョン・ステファン・ヨンギュン (Stefan Yonggyun JEON)「日本と韓国における携帯電話サービス属性に対するネガティブな成果が全体的なサービス満足度及び利用継続意向度に与える影響に関する研究 (A Study on the Effect of Negative Performance of Mobile Telecommunication Service Attribute on Overall Service Satisfaction and Retention of Carriers in Japan and Korea)」(『早稲田大学GITI紀要』2006-2007、161頁以下) がある。同稿では、携帯電話

サービスに対する全体的なサービス満足度及び利用継続意向度について研究されている。

12 首相官邸IT戦略本部「e-Japan重点計画-2002」(2002年6月18日)(http://www.kantei.go.jp/jp/singi/it2/kettei/020618honbun.html)。
13 今後、ユビキタス(ubiquitous)社会において「いつでもどこでも」という言葉に適合し、持ち運べる携帯電話はより重要な地位を占めてくると考えている。
14 前掲、註2を参照。
15 番号ポータビリティは、表記上だけで、大抵の場合において、口述では「ナンバー・ポータビリティ」といわれている。
16 現地での調査によれば、Cingular社(元AT&T社を含む)、T-mobile社、Sprint社、Vodafone社など、大手6大携帯電話キャリア(携帯電話事業者)については、支店がよく街中に点在していた。
17 FCC Homepage "Wireless Local Number Portability (Wireless LNP) Frequently Asked Questions" (http://www.fcc.gov/cgb/NumberPortability/)。
18 U.S. Court of Appeals for the D.C. Circuit Opinions "02-1264a Cell Telecom vs. FCC Released" Public Access to Court Electronic Records (06/06/2003) (http://pacer.cadc.uscourts.gov/docs/common/opinions/200306/02-1264a.pdf) (http://pacer.cadc.uscourts.gov/docs/common/opinions/)。
19 FCC "FCC OBSERVERS FIRST ANNIVERSARY OF WIRELESS LOCAL NUMBER PORTABILITY" FC NEWS FOR Immediate Release, November 24, 2004.
20 FCC "PROVIDES INFORMATION FOR CONSUMERS ON WIRELESS LOCAL NUMBER PORTABILITY" News Release CGB, Daily Digest, November 4, 2003 (http://hraunfoss.fcc.gov/edocs_public/attachmatch/DOC-240702A3.pdf)。
21 固定電話番号と携帯電話番号の電話番号に同じ方式の規格の方式が採用されており、両方のエリアコードの電話番号が同じため、区別がつかないのである。
22 総務省「携帯電話の番号ポータビリティについてのインフォメーション」(2005年10月)(http://www.soumu.go.jp/joho_tsusin/mnp/)。
23 携帯電話事業社であるソフトバンクは、「0円」広告を実際には利用に関しては制限があるにもかかわらず詳しく表示をしないで、CM等で広告宣伝を過剰までに行った。「ソフトバンクを公取委が調査携帯料金広告で」(「中日新聞」2006年10月31日付)(http://www.chunichi.co.jp/00/kei/20061031/eve_kei_004.shtml)を参照。
24 TU-KA by KDDIホームページ「ツーカーからauへの同一電話番号での契約変更」(2006年現在)(http://www.kddi.com/tu-ka/tokyo/index.html)。
25 永島和夫「ツーカーからauへの同番移行が10月11日スタート」(ASCII24、携

帯 24、ケータイニュース、2005 年 9 月 29 日）（http://akiba.ascii24.com/k-tai/news/2005/09/29/print/658282.html）。
26 総務省ホームページ「『料金設定の在り方に関する研究会』報告書の公表」（2003 年 6 月 17 日）（http://www.soumu.go.jp/s-news/2003/030617_6.html）。
27 総務省ホームページ「『携帯電話の番号ポータビリティの在り方に関する研究会』報告書の公表」（2004 年 4 月 27 日）（http://www.soumu.go.jp/s-news/2004/040427_4.html）。
28 総務省ホームページ「『携帯電話の番号ポータビリティの導入に関するガイドライン』の公表」（2004 年 5 月 28 日）（http://www.soumu.go.jp/s-news/2004/040528_1.html）。
29 総務省ホームページ「『電気通信番号規則の一部を改正する省令案及び電気通信事業報告規則の一部を改正する省令案に関する意見募集の結果並びに情報通信審議会答申』」（2006 年 1 月 25 日）（http://www.soumu.go.jp/s-news/2006/060125_2.html）。
30 前掲、註 21 を参照。
31 前掲、註 22 を参照。
32 総務省「『電気通信事業報告規則の一部を改正する省令案』電気通信番号規則の一部を改正する省令案及び電気通信事業報告規則の一部を改正する省令案に関する意見募集の結果並びに情報通信審議会答申」（2006 年 1 月 25 日）（http://www.soumu.go.jp/s-news/2006/pdf/060125_2_y1.pdf）。
33 総務省「『電気通信番号規則の一部を改正する省令案』電気通信番号規則の一部を改正する省令案及び電気通信事業報告規則の一部を改正する省令案に関する意見募集の結果並びに情報通信審議会答申」（http://www.soumu.go.jp/s-news/2006/pdf/051122_2_1.pdf）。
34 前掲、註 25 を参照。
35 前掲、註 26 を参照。
36 総務省「携帯電話の番号ポータビリティに関する独占禁止法上の考え方」（2004 年 11 月 1 日）（http://www.jftc.go.jp/pressrelease/04.november/041101.pdf）
37 岸井大太郎ほか『経済法――独占禁止法と競争政策〔第 5 版〕』（有斐閣アルマ、2006 年）341 頁以下。
38 『ケータイ白書 2005』（インプレス、2004 年）40 頁以下。
39 総務省「携帯電話の番号ポータビリティの在り方に関する研究会報告書」（2004 年 4 月 27 日）（http://www.soumu.go.jp/s-news/2004/pdf/040427_4_bt1.pdf）。
40 前掲、註 29 を参照。
41 前掲、註 29 を参照。
42 前掲、註 29 を参照。
43 通信サービスは世界各地で固定回線から携帯電話にシフトし、米国と中国で市

場が急伸し、事業者の競争が激化している。中川寛之「世界：アメリカ・ヨーロッパ・アジアの携帯電話ビジネスの動向」(『ケータイ白書 2005』インプレス、2004 年、298 頁以下)。

44 ソフトバンク社が、競争他社に先駆けて基本料金の定額制プランを掲げた。定額制を含め通話料に関しては、同会社同士の通話なら一定の制限付ではあるが通話料金が無料というサービス料金のプランである。「日本経済新聞」(2006 年 10 月 24、31 日付) を参照。

45 MNP 制度における独占禁止法的な諸問題のアプローチとしては、福岡晃先生が詳しく解説を書誌でされており、その意見は筆者としても意見が大いに参考になる。

46 前掲、註 23 を参照。

47 前掲、註 2 を参照。

48 ここでいう条件とは、既に 1 事業者の携帯電話サービス契約に加入している場合、次に新規加入契約をしようと思っている他の事業者にそのまま使用していた携帯電話番号を移行して利用することはできるが、既に加入していた事業者に対して解約時に違約金等を支払わなくてはならない。また、次の移行先の事業者に対しても、新規契約料金を支払う必要があり、また携帯電話の機種も移行先の事業者に対応した端末の機種を新規に購入しなくてはならないのである。

49 「番号ポータビリティの大疑問 100」(『日経エンタテイメント——総力編集ケータイ乗り換え BOOK』日経 BP 社、2006 年 12 月号、12 頁以下)。

50 「日本経済新聞」(2006 年 10 月 31 日付)。

51 総務省情報通信政策局「平成 18 年度 ICT 政策大綱 安心・安全なユビキタスネット社会の創設を目指して」) (2007 年 8 月 30 日) (http://www.soumu.go.jp/s-news/2005/pdf/050830_1_2.pdf)。

52 前掲、註 1 を参照。

53 前掲、註 1 を参照。

54 坂村健『ユビキタスでつくる情報社会基盤——未来をつくる技術、制度、そして哲学』(東京大学出版会、2006 年) 257 頁以下。

55 総務省『平成 19 年版 情報通信白書』(2007 年) 155 頁以下。

56 LAOX 編集部「ケータイでできる 50 のこと」(『家族と家電の情報マガジン LAOX With YOU』008、2007 年 3 月、40 頁以下)。

57 総務省「『FMC (Fixed-Mobile Convergence) サービス導入に向けた・電気通信番号に係る制度の在り方』答申 (案) に関する意見募集」(2007 年 1 月 26 日) (http://www.soumu.go.jp/s-news/2007/070126_4.html)。

58 施行は公布から 1 年以内とされ、3 年以内の見直し規定が置かれている。

59 「ガイアの夜明け——ケータイの進化と囲い込み」(「日本経済新聞」2006 年 10 月 22 日付)。

60 小川克彦『デジタルな生活——IT がデザインする空間と意識　日本の現代〈10〉』（NTT 出版、2006 年）66 頁以下。

61 スマートフォンとは、携帯電話端末媒体に音声通話機能と OS（オペレーション・システム）を内蔵し、様々なデータ処理機能を備えた端末のことである。

62 前掲、註 1 を参照。

63 総務省『平成 11 年版 通信白書』「第 3 情報通信政策の動向」（1999 年）（http://www.soumu.go.jp/joho_tsusin/policyreports/japanese/papers/99wp/99wp-3-index.html）。

64 ICT 社会におけるユビキタス構想を実現する端末として、携帯電話は理想的な媒体なのである。

65 『ASCII』（2006 年 12 月号）88 頁以下。

66 前掲、註 1 を参照。

67 坂村健『ユビキタスでつくる情報社会基盤——未来をつくる技術、制度、そして哲学』（東京大学出版会、2006 年）250 頁以下。

68 現在の対策としては、事件等がおきた際に、現行法を適用してケースごとに対処をしている。筆者がユビキタス社会における日本独自の法整備として提唱するのは、ユビキタス社会において諸媒体（情報通信端末）を使う際に、事前に犯罪が起こるのを予防する特有の諸規制等（例：国民総 IP 制度、有害インターネット情報規制法〔青少年が安全に安心してインターネットを利用できる環境の整備等に関する法律（案）〕など）を設けることにより事前対策が可能になるのではないかということである。

69 首相官邸 IT 戦略本部「e-Japan 重点計画 - 2002」（http://www.kantei.go.jp/jp/singi/it2/kettei/020618honbun.html）。

第4章
独占禁止法の今後の動向

I　フランチャイズ契約と独占禁止法

1　はじめに

　近年、各業界においてフランチャイズ契約（フランチャイズ・システム含む）を事業形態とする業界及び事業者が増加する一方、その契約の内容を巡る訴訟及び事件も年々増加する傾向にある。本章は、フランチャイズ契約における独占禁止法[1]上の法的な諸問題（法解釈及び法適用）について、コンビニエンスストア業界の事例を題材として検討し、今後におけるフランチャイズ契約を巡る優越的地位の濫用問題の在り方について考察するものである。

2　フランチャイズ契約における独占禁止法上の問題点

　本章ではテーマである、フランチャイズ契約における主に公正取引委員会の独占禁止法上の考え方を考察した上で、当該問題点について述べていきたい。

　まず、フランチャイズという言葉の定義としては、（一社）日本フランチャイズチェーン協会の定義[2]が挙げられる。同協会は、「フランチャイズとは、事業者（「フランチャイザー：Franchiser」と呼ぶ）が他の事業者（「フランチャイジー：Franchisee」と呼ぶ）との間に契約を結び、自己の商標、サービスマーク、トレード・ネームその他の営業の象徴となる標識、及び経営のノウハウを用い

て、同一のイメージのもとに商品の販売その他の事業を行う権利を与え、一方、フランチャイジーはその見返りとして一定の対価を支払い、事業に必要な資金を投下してフランチャイザーの指導及び援助のもとに事業を行う両者の継続的関係をいう」としている。

　他に、公正取引委員会の定義がある。公正取引委員会は、「フランチャイズ・システムに関する独占禁止法上の考え方について」という運用基準に関するガイドラインにおいて、「フランチャイズ・システムの定義は様々であるが、一般的には、本部が加盟者に対して、特定の商標、商号等を使用する権利を与えるとともに、加盟者の物品販売、サービス提供その他の事業・経営について、統一的な方法で統制、指導、援助を行い、これらの対価として加盟者が本部に金銭を支払う事業形態を対象としている」[3]としている。

　次に、当該ガイドラインにおける独占禁止法の適用対象について、公正取引委員会は、「フランチャイズ・システムにおいては、本部と加盟者がいわゆるフランチャイズ契約を締結し、この契約に基づいて、本部と各加盟者があたかも通常の企業における本店と支店であるかのような外観を呈して事業を行っているものが多いが、加盟者は法律的には本部から独立した事業者であることから、本部と加盟者間の取引関係については独占禁止法が適用されるものである。フランチャイズ・システムにおける取引関係の基本は、本部と加盟者との間のフランチャイズ契約であり、同契約は、おおむね次のような事項を含む統一的契約である」とし、「①加盟者が本部の商標、商号等を使用し営業することの許諾に関するもの、②営業に対する第三者の統一的イメージを確保し、加盟者の営業を維持するための加盟者の統制、指導等に関するもの、③上記に関連した対価の支払に関するもの、④フランチャイズ契約の終了に関するもの」の①～④までの事業形態を対象としている[4]。

　当該ガイドラインにおける運用基準の一般的な考え方[5]について公正取引委員会は、「フランチャイズ契約の下で、加盟者が本部の確立した営業方針・体制の下で統一的な活動をすることは、一般的に企業規模の小さな加盟者の事業能力を強化、向上させ、ひいては市場における競争を活発にする効果があると考えられる」としつつ、「しかしながら、フランチャイズ・システム

においては、加盟者は、本部の包括的な指導等を内容とするシステムに組み込まれるものであることから、加盟希望者の加盟に当たっての判断が適正に行われることがとりわけ重要であり、加盟者募集に際しては、本部は加盟希望者に対して、十分な情報を開示することが望ましく、また、フランチャイズ契約締結後の本部と加盟者との取引においては、加盟者に一方的に不利益を与えたり、加盟者のみを不当に拘束するものであってはならない」としている。

フランチャイズ契約において独占禁止法上の論点となる問題点及び争点としては、まず(1)法適用上の問題として、①フランチャイズ契約において、先述した独占禁止法上の違反行為（優越的地位の濫用[6]〔同法第2条第9項第5号〕及び〔不公正な取引方法〕）をフランチャイザー（本部：商標、物品販売、サービス提供・経営統制、指導、援助）がフランチャイジー（加盟店：対価として金銭を支払う）に対して行う可能性があるという問題、②「不公正な取引方法」及び「優越的地位の濫用」の判定基準（認定）の問題がある。

次に、(2)法解釈上の問題として、①優越的地位の濫用[7]（独占禁止法第2条第9項第5号「優越的地位の濫用に関する独占禁止法上の考え方について」のガイドライン）で掲げられている行為に該当するかどうか、②不公正な取引方法（公正競争阻害性）における不公正な取引方法の判定基準（認定）である「公正な競争を阻害するおそれ」があるかどうか、の所在が重要な問題となってくる。

3 独占禁止法におけるフランチャイズ契約に関する事例（図表4-1参照）

3-1 東京地判平成23年12月22日、平成21年（ワ）第29786号〔原審〕[8]

〈事実の概要〉

X（Franchisee）らは、Y（Franchiser）との間でフランチャイズ契約（基本契約・付属契約）を締結し、コンビニエンスストアを経営していたところ、Yから(1)公共料金等収納代行サービス等に係る業務を強要され、誤収納による損失といった不利益を被っているとして同業務の差止めを請求し、また、(2)午後11時から翌日午前7時までの間の開店及び深夜営業を強要され、深夜労働の負担や多額の現金の取扱いによる強盗被害のリスクといった不利益を被っ

図表 4-1　独占禁止法における FC 契約に関する諸事例（訴訟及び事件）

事件名等	事件番号／掲載文献等	概要	結果（判決）（法の適用）
コンビニエンスストアにおける独占禁止法 2、19 条、24 条違反問題事件〔一審：原審〕	東京地平 23 年 12 月 22 日判決／判時 2148 号 130 頁	①深夜営業の強要 ②公共料金等出納代行サービスに係る業務の強要	請求棄却（控訴） ・本店側が社会一般上で既に浸透しているコンビニ・イメージが崩れると主張 ・同意した上での契約締結
コンビニエンスストアにおける独占禁止法 2、19 条、24 条違反問題事件〔二審：控訴審〕	東京高平 24 年 6 月 20 日判決／ LEX・DB 25482661	〔争点〕 優越的地位の濫用 不公正な取引方法	請求棄却 ・同上
コンビニエンスストアにおける独占禁止法 19 条違反に伴う民事訴訟法 248 条問題事件〔一審〕	福岡地平 23 年 9 月 15 日／判時 2133 号 80 頁	①デイリー商品の販売価格の拘束 〔争点〕 優越的地位の濫用 不公正な取引方法	・一部認容、一部棄却（控訴） ・損害賠償請求責任あり
コンビニエンスストアの本部が加盟店に対して行った行為が独占禁止法 19 条違反であるとして違反行為の排除を命じた事件〔一審〕	公正取引委員会平成 21 年（措）第 8 号・平成 21 年 6 月 22 日命令／判タ 1320 号 32 頁	①廃棄された商品の原価相当額が負担となる仕組み ②デイリー商品の見切り販売の取り止めを余儀なくさせた	排除措置命令

（独禁法違反：その他）ドンキホーテ事件、マイクロソフト事件、三越事件、ローソン事件、雪印乳業事件、親会社から子会社に関する下請法に伴う事件など様々

（出所）LEX/DB インターネットの判例をもとに筆者が作成

ているとして、同業務の差止め請求をした事案である。

　独占禁止法第 2 条第 9 項第 5 号ハによれば、自己の取引上の地位が相手方に優越している一方の当事者が、取引の相手方に対して、その地位を利用して、正常な商慣習に照らして不当に不利益を与えた場合、不公正な取引方法の禁止（同法第 19 条）に該当するとして、その相手方は同法 24 条に基づき差止を請求することができる。本件では、Y からの上記業務の要求が独占禁止法第 2 条第 9 項第 5 号ハ所定の不公正な取引方法（優越的地位の濫用）に当たるかどうかが争われた。

〈判旨〉請求棄却

　まず、Y が X らとの関係で優越的地位の濫用にあるかどうかにつき、「X らと Y との間には、X らにとって Y との取引を継続することができなくな

れば事業経営上多大な支障を来すという関係があるということができるから、本件基本契約等締結後におけるYの取引上の地位は、Xらに対して優越しているものというべきである」とした上で、(1)について「Yにおける収納代行サービス等の推移や実施状況、Yの加盟希望者に対する情報提供、本件対象業務の内容やこれによる負担の軽重等に照らすと、YがXらに対して本件対象業務を行うことを求めることは、正常な商慣習に照らして不当に原告らに対して不利益を与えるものではなく、独占禁止法第2条第9項第5号ハ所定の『不公正な取引方法（優越的地位の濫用）』に当たるということはできない」。次いで、(2)について、「Xらは、いずれも本件基本契約に加え、（中略）本件深夜営業の義務が定められた本件付属契約を締結した上で、本件フランチャイズ・チェーンに加盟したというのであるから、原告らが本件基本契約等に基づき本件深夜営業を行う義務を負うことは明らかである」。したがって、「被告が本件基本契約等の変更を拒み、本件深夜営業を行うことを原告らに求めることは、正常な商慣習に照らして不当に原告らに対して不利益を与えるものではなく、独占禁止法2条9項5号ハ所定の『不公正な取引方法（優越的地位の濫用）』に当たるということはできない」と判示した。

■3-2 東京高判平成24年6月20日、平成24年（ネ）第722号〔控訴審〕[9]

〈事実の概要〉

前掲平成23年判例の控訴審である。

原審が、Xらの請求を棄却したため、Xらが控訴。

控訴審においても、原審と同様に、本件が優越的地位の濫用（不公正な取引方法、独禁法第2条第9項第5号ハ）に該当するかどうかが争われた。

〔判旨〕控訴棄却

(1)について、「〔1〕収納代行サービス等は、Xらが本件基本契約等を締結した当時には、本件イメージ（本件に関していえば、本件対象サービスが「セブン-イレブン」のいずれの店舗でも受けられるというものである）の重要な要素を構成するに至っていたこと、〔2〕Xらも、面接等、既存店舗の訪問や実際の店舗

での実地訓練によって収納代行サービス等が本件イメージの重要な要素を構成するサービスであり、加盟店において提供すべきサービスの１つであることを十分に認識し、これを了承した上で、本件基本契約等を締結したこと、〔3〕Xらは、本件基本契約等に基づき、本件イメージを変更し、又はその信用を低下させる行為をしないという法的義務を負ったこと、他方、〔4〕本件対象業務の手数料は、不当に低廉であるとはいえず、また、収納代行サービス等のための労力等も控訴人らが主張するほどのものではなく（控訴人らが、収納代行サービス等に応じるために従業員等を増員したり、これに応じることによって他の商品等の売上げの減少を招いたことを認めるに足りる証拠はない）、かえって、Yによってその労力等を低減するための方策がとられたり、収納代行サービス等における過誤による損害の補塡のために保険が導入されたりしていること、〔5〕本件対象業務は、いずれも控訴人らの加盟時に既に導入されていたものか、又は既に導入されていた業務と基本的に性質を同じくするものであるということができることは、原判決説示のとおりであり、以上の諸点をあわせ考えると、本件対象業務は、本件基本契約等に基づく法的義務であるというべきである」。次いで（2）についても、「本件深夜営業は、本件条項に基づくXらの法的義務である……から、Xらが、本件深夜営業が経済的に不利益であると感じた後に、YがXらに対し本件深夜営業を続けるように求めることが、直ちに優越的地位の濫用に当たるとはいえない」として、Xらの控訴を棄却した。

3-3 同種の判例（コンビニエンスストアのフランチャイズ契約において「優越的地位の濫用」の存否を扱った判例）

コンビニエンスストアのフランチャイズ契約において「優越的地位の濫用」の存否を扱った判例としては、①「福岡地判平成23年9月15日」。フランチャイザーがフランチャイジーに対して「デイリー商品」の販売価格を拘束したことが独占禁止法第19条に違反するとして、民事訴訟法第248条を適用し損害賠償請求を一部認容した事例[10]（控訴）、②「公正取引委員会平21（措）第8号平成21年6月22日『命令』」。フランチャイザーがフランチャイジー

に対し、取引上優越した地位を利用して実質的に値引販売をさせなかったこと（デイリー商品に係る見切り販売の取り止めを余儀なくさせる行為）が不公正な取引方法（優越的地位の濫用）に違反するとして、排除措置命令が出された事例[11]がある。

4 学説の動向

　不公正な取引方法（優越的地位の濫用）の判定基準に関する学説（法適用及び法解釈）について、優越的地位の濫用は、不公正な取引方法との関係上、判断基準である公正競争阻害性（＝「公正な競争を阻害するおそれ」）を学説上どのように解釈するかが議論とされており、この公正競争阻害性の法規範及び法解釈をめぐって、学者説[12]、実務家説[13]、公正取引委員会説[14]が対立している。

　また、不公正な取引方法（優越的地位の濫用）と公正競争阻害性を巡る学説として、下記の2つの学説の区分けが主としてされている[15]。

(1) 従来の学説（今村説、正田説、根岸説、白石説など）は、不公正な取引方法の定義である「公正競争阻害性（公正な競争を阻害するおそれがある）」を前提として、その競争メカニズムを阻害されたことにより市場の失敗となり「競争の不完全性」が生じてしまうと考えている。

(2) 情報の経済学の発展を背景とした新しい学説（大録説、本城説、その他経済学者など）は、経済学の知見を踏まえ競争の要素の1つである情報に着目し、情報の非対称性及び将来情報の欠如などの情報の不完全性による市場の失敗を問題としてとらえ、契約の不完備性（契約の失敗）の原因を「情報の不完全性」と考えている。

　学説[16]の多くは、上記公正取引委員会のガイドラインを支持し、優越的地位にある当事者が、公正な競争を阻害するおそれのある行為（公正競争阻害性）を行った場合、優越的地位の濫用に該当すると判断している。なお、少数説ではあるが、優越的地位の濫用の問題を契約締結時の情報量の格差の問

題としてとらえるべきとの見解[17]があり、傾聴に値する。

5 本判決についての私見

　本判決の判断を支持する。
　まず、深夜営業については、現在日本のコンビニエンスストア業界において、24時間営業が一般的に広く普及していること、本件基本契約書に明文規定があること、同規定が公序良俗に反することを認めるに足りる証拠がないことを考慮すれば、Xらとしては、契約締結時に十分認識していたと考えられる。したがって、本部が加盟店に対して深夜営業を求めることが、優越的地位の濫用に当たるとは解されない。次いで、公共料金等収納代行サービス等についても、確かに本件基本契約書に明文規定はないものの、他の加盟店の多くが、公共料金等収納代行サービスを提供しており、消費者としてはXらの店舗でも上記サービスを受けられるものと期待していると考えられること、Xらが実際に既存店舗を訪問し、公共料金等収納代行サービス等の実地訓練を受けていることを考慮すれば、Xらとしては同サービスの重要性を認識した上で、本件基本契約等を締結したものと考えられる。したがって、公共料金等収納代行サービス等の提供を求めることについても濫用に当たるとは解されない。
　ちなみに、本件では、フランチャイズ契約締結後、本部と加盟店との間に地位の格差が生じることを前提としているが、そもそも、本部と加盟店との間に主従関係を生じさせること自体に問題があるのではないであろうか。その意味で、本件においては、フランチャイズ契約というパッケージの構造自体に欠陥があるとして、同契約そのものの有効性を争うべきであったのではないであろうか。仮に、フランチャイズ契約の当事者間には、本質的に主従関係が生じるというのであれば、そのような関係を是正する新たな契約類型を考える必要性も出てこよう。
　コンビニエンスストアに限らずフランチャイズ契約を運用及び締結している業界に関しては、①優越的地位の濫用の存否の法解釈、②不公正な取引方法（公正競争阻害性）の存否の法解釈という二重の判定基準による厳格な法

の適用を行う必要があることはいうまでもないが、さらに別途においてフランチャイズ契約というパッケージの特殊性（本部と加盟店間に主従関係が発生する構造）の構造の見直しについても今後考慮する必要がある。

フランチャイズ契約を提供している本店側は、その契約の特性上、本部にとって正常な商慣習上において優越的な契約にならないように契約締結後に至っても、加盟店側による一部内容変更の訴えをフランチャイズ契約の構造上認めるべきではないであろうか。

今後の課題としては、本事例と同様、①本店側のブランド・イメージの重要性、②加盟店側の不利益性の相互をカバーしうる一般基準を示したフランチャイズ法の創設に期待したい。

Ⅱ　公正取引委員会と消費者庁の動向

1　政府（公正取引委員会、国会、中小企業庁）の対応

1-1　公正取引委員会の対応（ガイドラインなど）

図表4-2（左側）に示したように、公正取引委員会は独占禁止法違反を未然に防止するために各種ガイドライン（不公正な取引方法等関係の運用基準など）を作成し公表している。

今回のテーマであるフランチャイズ契約問題に関しては、主として①フランチャイズ・システムに関する独占禁止法上の考え方について[18]、②優越的地位の濫用に関する独占禁止法上の考え方について[19]、③フランチャイズ・チェーン本部との取引に関する調査について[20]の3つが挙げられる。

本事例の争点としては、①本部（フランチャイザー）が優越的地位にあるかどうか、②優越的地位の濫用があったかどうかの2点が挙げられるが、今回は優越的地位にあることを前提とした上で、問題点として濫用をテーマにしたい。

まず、「優越的地位の濫用に関する独占禁止法上の考え方」[21]のガイドライン上の第4では「優越的地位の濫用となる行為類型」について規定している。

図表 4-2　政府の対応

公正取引委員会	国会（参議院）	中小企業庁（経済産業省）
独占禁止法違反を未然に防止するために各種ガイドライン等（下記参照）を作成し公表している。 ① フランチャイズシステムに関する独占禁止法上の考え方について（ガイドライン、不公正な取引方法等関係の運用基準等） ② 優越的地位の濫用に関する独占禁止法上の考え方（ガイドライン、不公正な取引方法等関係） ③ フランチャイズ・チェーン本部との取引に関する調査について（実態調査、2001〔平成13〕年10月調査報告書公表）	→ 国会（常会）質問主意書〔国会法第74条の規定に基づき、国会議員が内閣に対し質問する際の文書〕（第171回国会・質問第110号）	→ 相談・情報提供（パンフレット等）

（出所）筆者作成

なお、ここに規定された行為類型のみが濫用であるというわけではなく、当該規定が直接適用されない行為類型についても濫用と判断される場合もある[22]。

〈優越的地位の濫用となる行為類型及び規定〉

優越的地位の濫用となる行為類型及び規定は、独占禁止法第2条第9項第5号イ（購入・利用強制）、独占禁止法第2条第9項第5号ロ、独占禁止法第2条第9項第5号ハの3つが掲げられている。

1 独占禁止法第2条第9項第5号イ（購入・利用強制）	継続して取引する相手方（新たに継続して取引しようとする相手方を含む。ロにおいて同じ）に対して、当該取引に係る商品又は役務以外の商品又は役務を購入させること。
2 独占禁止法第2条第9項第5号ロ	継続して取引する相手方に対して、自己のために金銭、役務その他の経済上の利益を提供させること。

104

3 独占禁止法第2条第9項第5号ハ	取引の相手方からの取引に係る商品の受領を拒み、取引の相手方から取引に係る商品を受領した後当該商品を当該取引の相手方に引き取らせ、取引の相手方に対して取引の対価の支払を遅らせ、若しくはその額を減じ、その他取引の相手方に不利益となるように取引の条件を設定し、若しくは変更し、又は取引を実施すること。

　次に、「フランチャイズ・システムに関する独占禁止法上の考え方について」[23]のガイドライン上の3「フランチャイズ契約締結後の本部と加盟者との取引について」の(1)では、優越的地位の濫用について「加盟者に対して取引上優越した地位にある本部が、加盟者に対して、フランチャイズ・システムによる営業を的確に実施する限度を超えて、正常な商慣習に照らして不当に加盟者に不利益となるように取引の条件を設定し、若しくは変更し、又は取引を実施する場合には、フランチャイズ契約又は本部の行為が独占禁止法第2条第9項第5号(優越的地位の濫用)に該当する」とした上で、具体的には個々のフランチャイズ契約ごとに判断されるが、およそ次のような行為等により正常な商慣習に照らして、不当に不利益を与える場合には優越的地位の濫用に当たるとしている。

〈上記3の(1)のアにおける、例示(該当)行為〉
　上記3の(1)のアにおける例示行為として、①取引先の制限、②仕入数量の強制、③見切り販売の制限、④フランチャイズ契約締結後の契約内容の変更、⑤契約終了後の競業禁止の5つが掲げられている。

(取引先の制限)	本部が加盟者に対して、商品、原材料等の注文先や加盟者の店舗の清掃、内外装工事等の依頼先について、正当な理由がないのに、本部又は本部の指定する事業者とのみ取引させることにより、良質廉価で商品又は役務を提供する他の事業者と取引させないようにすること。

（仕入数量の強制）	本部が加盟者に対して、加盟者の販売する商品又は使用する原材料について、返品が認められないにもかかわらず、実際の販売に必要な範囲を超えて、本部が仕入数量を指示し、当該数量を仕入れることを余儀なくさせること。
（見切り販売の制限）	廃棄ロス原価を含む売上総利益がロイヤルティの算定の基準となる場合において、本部が加盟者に対して、正当な理由がないのに、品質が急速に低下する商品等の見切り販売を制限し、売れ残りとして廃棄することを余儀なくさせること
（フランチャイズ契約締結後の契約内容の変更）	当初のフランチャイズ契約に規定されていない新規事業の導入によって、加盟者が得られる利益の範囲を超える費用を負担することとなるにもかかわらず、本部が、新規事業を導入しなければ不利益な取扱いをすること等を示唆し、加盟者に対して新規事業の導入を余儀なくさせること。
（契約終了後の競業禁止）	本部が加盟者に対して、特定地域で成立している本部の商権の維持、本部が加盟者に対して供与したノウハウの保護等に必要な範囲を超えるような地域、期間又は内容の競業禁止義務を課すこと。

2 国会（参議院）の対応

　図表4-2（中央）に示したように、フランチャイズ契約を巡る問題については、国会においても第171回国会（常会）[24]において質問意見書として提出され、その重要性が問われているのがわかる。

3 中小企業庁の対応

　図表4-2（右側）に示したように、中小企業庁において、各種フランチャイズ契約を締結しようと考えている事業者（加盟店側）に対して、事前に各種相談[25]及びパンフレットなどにより情報提供を行っている。

註

1 昭和22年4月14日法律第54号、最終改正：平成24年6月27日法律第42号。
2 詳しくは、(一社)日本フランチャイズチェーン協会「フランチャイズ、フランチャイズチェーン、フランチャイズビジネスとは？」(http://www.jfa-fc.or.jp/particle/78.html、2013年4月8日現在)に詳細な解説がある。
3 公正取引委員会「フランチャイズ・システムに関する独占禁止法上の考え方について（平成14年4月24日、平成23年6月23日最終改正）」の文書（http://www.jftc.go.jp/dk/guideline/unyoukijun/franchise.html、2013年1月9日現在）を参照。
4 同上。
5 同上。
6 公正取引委員会「優越的地位の濫用に関する独占禁止法上の考え方」（平成22年11月30日　）（http://www.jftc.go.jp/hourei.files/yuuetsutekichii.pdf、2013年1月9日現在）を参照。
7 公正取引委員会「フランチャイズ・システムに関する独占禁止法上の考え方について」のガイドラインにおいて「加盟者に対して取引上優越した地位にある本部が、加盟者に対して、フランチャイズ・システムによる営業を的確に実施する限度を超えて、正常な商慣習に照らして不当に加盟者に不利益となるように取引の条件を設定し、若しくは変更し、又は取引を実施する場合には、フランチャイズ契約又は本部の行為が独占禁止法第2条第9項第5号（優越的地位の濫用）に該当する」と掲げられている。
8 判例及び判例評釈として、TKC（LEX/DBインターネット）25480105、金融・商事判例1385号10頁、判例時報2148号130頁、判例タイムズ1377号221頁がある。
9 TKC（LEX/DBインターネット）25482661に詳細な解説がある。
10 判例及び判例評釈として、消費者法ニュース90号191頁、判例時報2133号80頁、小塚荘一郎・ジュリスト1437号4頁、長谷河亜希子・ジュリスト1438号94頁、中出孝典・ジュリスト臨時増刊1440号269頁、伊従寛・国際商事法務40巻7号1003頁、高田淳・判例時報2148号160頁に詳細な解説がある。
11 判例及び判例評釈として、平林英勝・ジュリスト1384号100頁、若林亜里砂・公正取引709号2頁、川浜昇・ジュリスト臨時増刊1398号287頁、長谷河亜希子・速報判例解説（法学セミナー増刊）6号293頁、向田直範・NBL936号65頁、村上政博・判例タイムズ1320号32頁、山本裕子・ジュリスト1411号135頁がある。
12 詳しくは、白石忠志「優越的地位濫用ガイドラインについて」『公正取引』724、2011年2月、10頁以下）などを参照されたい。

13 詳しくは、伊藤憲二「弁護士から見た優越的地位濫用ガイドライン」(『公正取引』724、2011 年 2 月、18 頁以下) などを参照されたい。

14 詳しくは、杉山幸成「優越的地位の濫用に関する独占禁止法上の考え方について」(『公正取引』724、2011 年 2 月、2 頁以下) などを参照されたい。

15 詳しくは、中里和浩「優越的地位の濫用規制の現状及び今後の課題——フランチャイズ・システムの問題を中心として」(『埼玉大学経済学会経済科学論究』8、2011 年、143 頁以下) を参照されたい。

16 同上。

17 詳しくは、本城昇「情報の非対称性と優越的地位の濫用規制——消費者取引の規制との関連の考察」(『公正取引』507、1993 年、30 頁以下)、大禄英一「優越的地位の濫用と取引上の地位の不当利用について」(『公正取引』626、2002 年、8 頁以下) を参照されたい。

18 前掲、註 10 を参照。

19 前掲、註 13 を参照。

20 公委会「フランチャイズ・チェーン本部との取引に関する調査について」(平成 23 年 7 月 7 日) (http://www.jftc.go.jp/houdou/pressrelease/h23/jul/110707gaiyo.html、2013 年 1 月 9 日現在) を参照。

21 前掲、註 13 を参照。

22 公正取引委員会がガイドライン上で掲げている考え方だけでは、事業者同士が市場活動をする際に発生する問題のすべてを類型化することが難しいため、当該ガイドライン上において「優越的地位の濫用として問題となる種々の行為を未然に防止するためには、取引の対象となる商品又は役務の具体的内容や品質に係る評価の基準、納期、代金の額、支払期日、支払方法等について、取引当事者間であらかじめ明確にし、書面で確認するなどの対応をしておくことが望ましい」と補足をして、上記類型に当てはまらない事例がでてきた際にはケース・バイ・ケースで濫用かどうかを判断している。

23 前掲、註 10 を参照。

24 第 171 回国会 (常会) 質問主意書質問第 110 号 (http://www.sangiin.go.jp/japanese/joho1/kousei/syuisyo/171/meisai/m171110.htm、2013 年 4 月 9 日現在) を参照されたい。

25 中小企業庁「フランチャイズ事業を始めるにあたって (相談・情報提供パンフレット)」(http://www.chusho.meti.go.jp/shogyo/shogyo/2012/download/24fy-FC-all.pdf、2013 年 4 月 9 日現在) を参照。

第5章
経済法とコンプライアンス

I　コンプライアンスの淵源

　コンプライアンスの語源は、ラテン語で「完全に満たす」という意味のコンプレオ（compleo）が語源だといわれている。
　コンプライアンスとは、「法律や規則などのルールに従って活動を行うこと」を意味する。近年において企業では極めて重要視されてきている言葉である。企業内で働いている社員は、自分でもわからないうちに法律違反をしてしまっている可能性がある。それゆえ、企業によっては、社内に法務コンプライアンス部、又はコンプライアンス統括部というような部門を置いて当該対策及び社員教育に力を入れている。

II　企業とコンプライアンスの関係について

　近年、企業内における社員の法令遵守（コンプライアンス）指導及び教育の必要性が重要視されてきている。特に、市場を介して営利を目的として経済活動をする企業にとっては、社会法に分類される経済法、特にその中でも独占禁止法におけるコンプライアンスの周知徹底指導（教育）が企業の社会的な命運を分けるまでの存在となっている。
　それゆえ、当該企業が市場経済活動するにおいて、独占禁止法の問題に差し迫った際には、弁護士や法務部門（社内弁護士〔インハウス〕、担当者）の方々

の手腕が要求される。

　独占禁止法上の3本柱である私的独占問題の事例（判例）を中心として挙げながら、当該企業が独占禁止法コンプライアンスをもとに、今後どう取り組んでいくべきかということを考察するものである。

　私的独占とは、独占禁止法第2条第5項に定義付けられている独占禁止法の禁止行為の中核となる3本柱のうちの1つである。

　事業者が単独又は他の事業者と手を組み不当な低価格販売、差別対価による販売手段を用いて、競争他社を市場から排除したり、新規参入者を妨害したりする行為のことをいい、当該行為を規制することが、独占禁止法上の私的独占の禁止というものになる。

　もちろん、事業者が日々の競争において良質・廉価な商品を提供し競合他社との正当な競争の結果、市場を独占した場合、通常は自然独占となり違法とはならない。

　市場を独占した企業は、競合他社がいないので、消費者に安く、良い商品を売ろうというような企業努力をしなくなってしまうことが予想される。それでは消費者の利益が失われることになるので、このような「私的独占」すなわち、事業者が、単独又は他の事業者と結合、通謀などにより、他の競争他社の活動を「排除」又は「支配」することにより、市場における競争を実質的に制限することは独占禁止法第3条により禁止されている。

　私的独占の形態には、「排除型（私的独占）」と「支配型（私的独占）」という2形態がある。以下、当該2形態の定義について以降のⅢ-**2**-2で見ていく。

Ⅲ　企業における法令遵守対策と公正取引委員会の動向について
　──独占禁止法上の私的独占事例を中心として

1　はじめに

　ここでは、独占禁止法上の三本柱である私的独占問題の事例（判例）を中心として挙げながら、当該企業が独占禁止法コンプライアンスをもとに、公

正取引委員会に対して今後どう取り組んでいくべきかということを考察するものである。

2 私的独占[1]

2-1 概説

私的独占とは、独占禁止法第2条第5項[2]に定義付けられている独占禁止法の禁止行為の中核となる3本柱のうちの1つである。

事業者が単独又は他の事業者と手を組み不当な低価格販売、差別対価による販売手段を用いて、競争他社を市場から排除したり、新規参入者を妨害したりする行為のことをいい、当該行為を規制することが、独占禁止法上の私的独占の禁止というものになる。

もちろん、事業者が日々の競争において良質・廉価な商品を提供し競合他社との正当な競争の結果、市場を独占した場合、通常は自然独占となり違法とはならない。

企業が単独、または他の企業と手を組み競争他社を市場から排除したり、新規参入者を妨害して市場を独占しようとしたりする行為を私的独占という。

市場を独占した企業は競合他社がいないので、消費者に安く、良い商品を売ろうというような企業努力をしなくなってしまうことが予想される。それでは消費者の利益が失われることになるのでこのような「私的独占」は独占禁止法第3条[3]により禁止されている。

2-2 私的独占の行為形態と学説上の定義

私的独占は、独占禁止法第3条前段で禁止されている行為である。事業者が、単独又は他の事業者と結合、通謀などにより、他の競争他社の活動を「排除」又は「支配」することにより、市場における競争を実質的に制限することを禁止している。

私的独占は、「排除型（私的独占）」と「支配型（私的独占）」の2つの行為形態に区分する事ができる。以下、当該2行為形態の定義について様々な学説

上の解釈を紹介する[4]。

① 「排除型私的独占」とは[5]

　排除（行為）とは、事業者が市場支配力を獲得しようとして、競合他社の事業活動の継続を困難にさせたり、新規参入事業者の事業開始を困難にさせたりする行為であり、一定の取引分野における競争を実質的に制限することになる様々な行為のことをいう。事業者の事業活動が排除行為に該当するかどうかは、競合他社の事業活動が、市場から完全に駆逐させられたり、新規参入が完全に阻止させられたりする結果が現実に発生している事態が必要とされるわけではなく、他の競合他社の事業活動の継続を困難にさせたり、新規参入者の事業開始を困難にさせたりする蓋然性の高い行為が、排除行為に該当するというものである[6]。「排除（行為）」に関する定義として有名なものとしては、「他の事業者の事業活動を継続困難にし、または新規参入を困難にする行為……対象となる事業者が完全に駆逐されたり、新規参入を完全に阻止することまでは要しない」[7]、「市場支配力を獲得あるいは強化しようとする様々な行為によって、他の事業者が独自の事業活動を続けること、あるいは新規参入を著しく困難にすること」[8]と考察され定義付けられている。さらに、問題の行為が「人為的な反競争的行為」[9]、「何らかの人為性の認められる具体的行為があって、それが全体として排除行為と構成できるという関係」[10]である必要があると解されている。

② 「支配型私的独占」とは[11]

　支配（行為）とは、競合他社を直接・間接的に拘束しあるいは強制することによって、その事業活動を自己の意思に従わせたり、自己の意思に従わせて事業活動をさせたりする行為である。「支配（行為）」に関する定義として有名なものとしては、「なんらかの意味において、他の事業者に制約を加え、その事業活動における自由な決定を奪うこと」（野田醤油事件）[12]、「協調乃至諒解の形式を整えても、現実の行動が、実質的には相手方に一方的な制限を課すこととなる場合は、事業活動の支配となる」（東洋製罐事件）[13]、「株式

取得や役員派遣を行ったことなどが、『支配』の手段として認定されており、こうしたトラスト形成行為が状態概念でない行為概念である『支配』に該当する」(東洋製罐事件)[14]、「なんらかの意味において他の事業者に制約を加えその事業活動における自由なる決定を奪うこと」である[15]、と考察され定義付けられている[16]。

③「排除型私的独占」及び「支配型私的独占」の両方を含む行為形態について

「排除型」と「支配型」の両方を含む代表的な事例として、東洋製罐事件、日本医療食協会事件、パラマウントベッド事件などが挙げられる。この形態については、次の節で、諸判例として紹介したい。

3 私的独占規制における「排除型」と「支配型」がある判例

私的独占における「排除型」と「支配型」の両方の行為形態を含む代表的なものとしては、下記の判例が挙げられる（図表5-1）。

図表5-1　私的独占規制における諸事例（訴訟及び事件）（排除型と支配型がある判例）

事件名等	事件番号／掲載文献等	概要
東洋製罐事件	公取委昭和47年9月18日勧告審決／昭和47年(勧)第11号／審決集19巻87頁	〔争点〕 ①本州製罐、四国製罐、北海製罐および三国金属の事業活動を支配 ②缶詰製造業者の自家製缶についての事業活動を排除
日本医療食協会事件	公取委平成8年5月8日勧告審決／平成8年(勧)第14号／審決集43巻209頁	〔争点〕 ①医療用食品を製造又は販売しようとする事業者の事業活動を排除 ②医療用食品の製造業者の販売先並びに医療用食品の販売業者の仕入れ先、販売先、販売価格、販売地域及び販売活動を制限してこれらの事業者の事業活動を支配
パラマウントベッド事件	公取委平成10年3月31日勧告審決／平成10年(勧)第3号／審決集44巻362頁	〔争点〕 ①他の医療用ベッドの製造業者の事業活動を排除 ②入札に参加する販売業者に対して入札価格を指示し、当該価格で入札させて、これらの販売業者の事業活動を支配

（出所）筆者作成

4　私的独占違反行為に対する公正取引委員会の対策

4-1　独占禁止法及び民法による対策

公正取引委員会は、企業による市場の独占行為やカルテルなどを取り締まる役割を担っている。独占禁止法に違反する企業に対して、違法行為が疑われる場合などに対して、①立ち入り審査、②犯則調査権、③独占行為の差し止めを求める排除命令、④課徴金納付命令などの下記の法的措置を行っている。

・排除措置（独禁法第7条）
・課徴金（独禁法第7条の2（2）・（4））
・損害賠償請求（独禁法第25条、民法第709条）
・罰則（独禁法第89条、独禁法第95条）

4-2　独占禁止法コンプライアンス・プログラム [17]

公正取引委員会は、市場における公正な競争を促進させる為に、独占禁止法による取り締まり行うとともに、企業内における独占禁止法コンプライアンス・システムの向上に対する支援を重要な施策の一つとして推進している。公正取引委員会が掲げる「企業における独占禁止法コンプライアンスに関する取組状況」については、下記のような取り組みが掲げられている。

まず、「実効性のある独占禁止法コンプライアンスに向けて」として下記の①～③を挙げている。
①独占禁止法コンプライアンスに関する取組を推進することで、独占禁止法違反によるリスクを管理下に置くことが可能。
②独占禁止法コンプライアンスを単なる「法令遵守ツール」ではなく、「リスク管理・回避ツール」として戦略的に位置付けて活用すべき。
③独占禁止法コンプライアンスは「企業価値の維持・向上ツール」としても機能し得る。

次に、「独占禁止法コンプライアンス・プログラムの実効性を確保するための方策」において独占禁止法コンプライアンス・プログラムに組み込むこ

とが不可欠だとして、下記の①〜③を挙げている。
①研修等による未然防止
②監査等による確認と早期発見
③危機管理

5　おわりに（私見）

　企業における独占禁止法コンプライアンス対策としては、①コンプライアンス（法令遵守）の徹底化、②リニエンシー制度（課徴金減免制度）の活用の2つが考えられる。

IV　独占禁止法コンプライアンス・プログラムの必要性

　私的独占違反行為に対する公正取引委員会の対策として、独占禁止法コンプライアンス・プログラムというものがある。
　まず、①コンプライアンスとは、「法律や規則などのルールに従って活動を行うこと」を意味する。近年において企業では極めて重要視されてきている言葉である。企業内で働いている社員は、自分でも判らないうちに法律違反をしてしまっている可能性がある。それゆえ、企業によっては、企業内に法務コンプライアンス部、又はコンプライアンス統括部というような部門を置いて当該対策及び社員教育に力を入れている[18]。
　次に②リニエンシー制度（課徴金減免制度）とは、企業（事業者）が自ら関与した入札談合やカルテルを公正取引委員会に報告し、法定要件に該当した場合には、課徴金が減免または減額される制度のことである。公正取引委員会が違反行為を発見して調査開始日前の場合には、1番目の申告者は「全額免除（100％）」、2番目の申告者は、「50％減額」、3番目の申告者は、「30％減額」となる。公正取引委員会の調査開始以後の場合には、一律30％減額となる。減免対象数としては、調査開始日前の場合には5社まで、公正取引委員会の調査開始以後の場合には3社まで、調査開始日前と調査開始以後を併せて5社までが受けられる。

前者①及び後者②の場合にも社内弁護士及び法務部門を置かれている企業にとっては、その方々の手腕が期待される。

V 独占禁止法コンプライアンスにおける諸問題

1 私的独占における規制の諸問題について

独占禁止法第3条前段は、「事業者は、私的独占……をしてはならない」と規定し、私的独占の定義は第2条5項に規定されている。同2条5項は私的独占を「①事業者が、②単独に、又は他の事業者と結合し、若しくは通謀し、その他いかなる方法をもつてするかを問わず、③他の事業者の事業活動を排除し、又は支配することにより、④公共の利益に反して、⑤一定の取引分野における競争を実質的に制限することをいう。」と定義している。

私的独占規制に関しては、上記の条文において、主として①〜⑤までの要件が考えられる。

2 私的独占規制における独占禁止法上の5つの要件

2-1 事業者性について（要件①）

独占禁止法第2条は、「商業、工業、金融業その他の事業を行う者をいう。」と例示的に定義されている。独占禁止法が適用される法主体（対象者）は、原則として「事業者」及び「事業者団体」としている。また、事業者性の有無の問題として事業者及び事業者団体が各種市場において経済的な取引活動（Doing business）を行っているかどうかが争点となる。

代表的な「事業者」の定義として、「独占禁止法第2条第1項は、事業者とは、商業、工業、金融業その他の事業を行う者をいうと規定しており、この事業はなんらかの経済的利益の供給に対応し反対給付を反覆継続して受ける経済活動を指し、その主体の法的性格は問うところではない」（都営芝浦と畜場事件）[19]と解されている。したがって、反対給付を受けない事業は事業者から除外され、営利性も必要とされず、自然人、法人、私法人、公法人など

も問われない。代表的なものとして、①自由職業（弁護士、医師等）、②プロスポーツ選手、タレント等、③学校法人、宗教法人、④国、地方公共団体等のケースにおける事業者性が度々問題となっている。

上記で挙げた①については、「観音寺市三豊郡医師会事件」[20]、「日本建築家協会事件」[21]などがあり、自由職業においても私的独占における妨害などの弊害があることから、原則として独占禁止法を適用すべきであるとした。次に、②については、独立した事業者として活動しているときには事業者性が認められ独占禁止法の適用が可能であるとされ、プロダクションや球団に労働者として所属しているときには労働関係にあるとされ独占禁止法を適用できないとされている。次に、③については、当該機関が収益事業を行う場合は、その経済事業部分については、事業者性が認められる場合があり得る。次に、④については、「お年玉付き年賀葉書事件」[22]などがあり、③同様の可能性があり得る。

2-2 単独に、又は他の事業者と結合し、若しくは通謀すること（要件②）

独占禁止法第2条第5項は、「事業者が、単独に、又は他の事業者と結合し、若しくは通謀し、その他いかなる方法をもつてするかを問わず」と定義されている。

私的独占の行為に関しては、事業者が「単独」によって当該行為をする場合と複数の事業者によって当該行為が行われる事が想定される。私的独占の特徴は、事業者が単独で行われることが想定されることが不当な取引制限とは異なる特徴がある。

また、私的独占における「結合」及び「通謀」に関しては、(1)「かたい結合」と (2)「ゆるい結合」（事業者間に「意思の連絡」の存否が争点）に分けることができる。

2-3 私的独占の2つの形態（要件③）

私的独占は、独占禁止法第3条前段で禁止されている行為である。事業者が、単独又は他の事業者と結合、通謀などにより、他の競合他社の活動を「排

除」又は「支配」することにより、市場における競争を実質的に制限することを禁止している。

先述したように私的独占の形態には、「排除型（私的独占）」と「支配型（私的独占）」という2形態がある。以下、当該2形態の定義について様々な学説上の解釈がある[23]。

①排除型私的独占における「排除（行為）」とは

排除（行為）とは、事業者が市場支配力を獲得しようとして、競合他社の事業活動の継続を困難にさせたり、新規参入事業者の事業開始を困難にさせたりする行為であり、一定の取引分野における競争を実質的に制限することになる様々な行為のことをいう。事業者の事業活動が排除行為に該当するかどうかは、競合他社の事業活動が、市場から完全に駆逐させられたり、新規参入が完全に阻止させられたりする結果が現実に発生している事態が必要とされるわけではなく、他の競合他社の事業活動の継続を困難にさせたり、新規参入者の事業開始を困難にさせたりする蓋然性の高い行為が、排除行為に該当するというものである[24]。「排除（行為）」に関する定義として有名なものとしては、「他の事業者の事業活動を継続困難にし、または新規参入を困難にする行為……対象となる事業者が完全に駆逐されたり、新規参入を完全に阻止することまでは要しない」[25]、「市場支配力を獲得あるいは強化しようとする様々な行為によって、他の事業者が独自の事業活動を続けること、あるいは新規参入を著しく困難にすること」[26]と考察され定義付けられている。さらに、問題の行為が「人為的な反競争的行為」[27]、「何らかの人為性の認められる具体的行為があって、それが全体として排除行為と構成できるという関係」[28]である必要があると解されている。主要な排除型私的独占の事件として、雪印乳業・農林中金事件、三共ほか10名事件、ぱちんこ機製造特許プール事件、有線ブロードネットワークス事件、インテル事件、ニプロ事件、エム・ディ・エス・ノーディオン事件、北海道新聞事件などがある。

②支配型私的独占における「支配（行為）」とは

　支配（行為）とは、競合他社を直接・間接的に拘束しあるいは強制することによって、その事業活動を自己の意思に従わせたり、自己の意思に従わせて事業活動をさせる行為である。「支配（行為）」に関する定義として有名なものとしては、「なんらかの意味において、他の事業者に制約を加え、その事業活動における自由な決定を奪うこと」(野田醬油事件)[29]、「協調乃至諒解の形式を整えても、現実の行動が、実質的には相手方に一方的な制限を課すこととなる場合は、事業活動の支配となる」(東洋製罐事件)[30]、「株式取得や役員派遣を行ったことなどが、『支配』の手段として認定されており、こうしたトラスト形成行為が状態概念でない行為概念である『支配』に該当する」(東洋製罐事件)[31]、「なんらかの意味において他の事業者に制約を加えその事業活動における自由なる決定を奪うこと」である[32]、と考察され定義付けられている。上述のように、支配（行為）の具体的態様としては、①株式保有・役員兼任などの手段による支配（直接支配）と②取引上の優越的な地位を利用することによる支配（間接支配）が挙げられる。

　主要な支配型私的独占の事件として、野田醬油事件などがある。

　また、上記の「排除型」及び「支配型」の両方の形態を含むものとして、東洋製罐事件、日本医療食協会事件、パラマウントベッド事件、北海道新聞事件などが挙げられる（図表5-1参照）。

2-4　公共の利益（に反して）について（要件④）

　独占禁止法第2条第5項は、「事業者が、公共の利益に反して……」いることを要件としている。一般的には、独占禁止法の保護法益である自由競争経済秩序に反することとされている。

　代表的な「公共の利益に反して」の定義として、「独占禁止法の立法の趣旨・目的及びその改正の経過などに照らすと、『公共の利益に反して』とは、原則としては同法の直接の保護法益である自由競争経済秩序に反することを指すが、現に行われた行為が形式的に右に該当する場合であっても、右法益と当該行為によって守られる利益とを比較衡量して、『一般消費者の利益を

確保するとともに、国民経済の民主的で健全な発達を促進する』という同法の究極の目的（同法第1条参照）に実質的に反しないと認められる例外的な場合を右規定にいう『不当な取引制限』行為から除外する趣旨と解すべき」(石油価格協定刑事事件)[33]と判示をした判例がある。つまり、「公共の利益に反して」とは、同法が定める趣旨・目的を超えて「生産者・消費者の両者を含めた国民経済全般の利益に反した場合」をいうと解すべきであるとされている。つまり、同法第1条の目的に言うところの「公正且つ自由な競争を促進すること」、「一般消費者の利益を確保すること」、「国民経済の民主的で健全な発達を促進すること」を指して、「競争を実質的に制限すること」(競争の実質的制限)を意味することで、当該判定要件に該当した場合に公共の利益に反することになる。

また、規制の対象となる排除行為例として、「排除型私的独占」(事業者が他の事業者の事業活動を排除する行為により、公共の利益に反して一定の取引分野における競争を実質的に制限する行為)（同法第2条第5項）がある。

2-5 一定の取引分野 (における競争を実質的に制限) について (要件⑤)[34]

独占禁止法第2条第5項は、「事業者が、一定の取引分野における競争を実質的に制限」していることを要件としている。この要件⑤に関しては、「一定の取引分野」と「競争を実質的に制限」という文言にわけて、それぞれ定義することができる。

①「一定の取引分野」とは

代表的な「一定の取引分野」の定義としては、「『一定の取引分野』を判断するに当たっては、主張のように『取引段階』等既定の概念によって固定的にこれを理解するのは適当でなく、取引の対象・地域・態様等に応じて、違反者のした共同行為が、対象としている取引及びそれにより影響を受ける範囲を検討し、その競争が実質的に制限される範囲を画定して『一定の取引分野』を決定するのが相当である」（目隠しシール入札談合刑事事件[35, 36]）というものがある。

また、一般的には事業者及び事業者団体により競争が行われている市場 (ある商品又は役務に関して供給者と需要者が集まって取引を行う場) を「一定の取引分野」と意味されると捉えられる場合もあり、さらに談合をたった1回したとしても、(1) 規模が大きく、(2) 地域的広がりを認めうる場合においては「一定の取引分野」を認め得るものとする場合もあるとされている。

　「一定の取引分野」の画定については、公正取引委員会が平成16年5月31日に発表した「企業結合審査に関する独占禁止法の運用指針」[37]に一定の指針となる考え方が掲げられている。

②「競争を実質的に制限」とは

　「競争」とは前述した「一定の取引分野」である市場において2つ以上の事業者が、一定の各市場における通常の事業活動によって、同種又は類似の商品又は役務を供給し、又は、供給を受けることにより、互いに競い合うこと (独禁法第2条第4項) をいい、「競争の実質的制限」の定義や意義に関する判例として (1) 東宝・スバル事件、(2) 石油数量調整刑事事件[38,39]、(3) 中央食品他6名事件[40,41]等がある。

　代表的な「競争を実質的に制限」の定義としては、「競争自体が減少して特定の事業者または事業者集団がその意志で、ある程度自由に、価格、品質、数量、その他各般の条件を左右することによって市場を支配することができる形態が現われているか、または少くとも現われようとする程度に至っている状態」(東宝・スバル事件[42])、「競争自体が減少して、特定の事業者又は事業者集団がその意思で、ある程度自由に、価格、品質、数量、その他各般の条件を左右することができる状態をもたらすこと」(多摩談合事件[43]) 等の判例があり、学説においても市場支配力の形成、維持、強化の視点を重要視している。また、一般的には全体の中で過半あるいはそれに準じる市場占有率 (マーケットシェア) を所有している事業者間でカルテルや談合を行えば、それだけで競争の実質的な制限が発生する状態になると解されている。

　「競争の実質的制限」の有無の判断基準としては、一般的には、(1) 市場占拠率 (マーケットシェア)[44]、(2) 各業界の状況[45]、外的な要因 (状況)[46]、を

総合的に考慮して、「競争の実質的制限」の有無が判断されるとされている。

３ 関連省庁（消費者庁、公正取引委員会）による当該違反行為に対する対応

独占禁止法における前述 ２ で掲げた要件①〜⑤の諸問題から起因する私的独占違反に対しては、主として関連省庁は以下の２つの対策を行っている。

３-１ 関連法規による取り締まり対策

まず、１つ目の対策としては、関連法規による取り締まりが挙げられる。主として、①独占禁止法においては、「排除措置（第７条）」、「課徴金（7条の2(2)・(4)）」、「損害賠償請求（第25条）」、「罰則（第89条、第95条）」が規定されている。また、②民法においては、「損害賠償請求（民第709）」が規定されている。

関連省庁（公正取引委員会、消費者庁等）は、企業による市場の独占行為やカルテルなどを取り締まる役割を担っており、事業者が私的独占の禁止に違反すると、その制裁として①排除措置（独禁法第7条）を命ずることができる。平成21年6月に独占禁止法改正法（平成21年法律第51号）が成立したことにより、既存の支配型私的独占に加えて排除型私的独占についても当該規定に基づきケースによっては、②課徴金（独禁法第7の2第2項及び第4項）の納付を命じなければならないことになった。③私的独占を行った者及び法人に対しては罰則（独禁法第89条及び第95条）が定められている。

公正取引委員会は、独占禁止法に違反するまたは違反が疑われる企業に対して、以下の対策を行っている。

①立ち入り審査
②犯則調査権
③独占行為の差し止めを求める排除命令
④課徴金納付命令などの下記の法的措置

　・排除措置（独禁法第7条）
　・課徴金（独禁法第7条の2(2)・(4)）
　・損害賠償請求（独禁法第25条、民法第709条）

・罰則（独禁法第89条、独禁法第95条）

3-2　独占禁止法コンプライアンス・プログラムによる対策

　次に、2つ目の対策としては、独占禁止法コンプライアンス・プログラム[47]の取り組みが挙げられる。独占禁止法コンプライアンス・プログラムとは、企業及び社員による独占禁止法違反行為に関して、①研修等による未然防止、②監査等による確認と早期発見、③危機管理に取り組むことで当該知識を効果的・効率的に習得させるための手助けとして支援等を行うことによって、企業における独占禁止法コンプライアンスの推進に取り組んでいる。

4　おわりに（私見）

　前節3で述べた企業における独占禁止法コンプライアンス対策としては、①コンプライアンス（法令遵守）の徹底化、②リニエンシー制度（課徴金減免制度）の活用の2つを考えることができる。

4-1　当該対策①（コンプライアンス〔法令遵守〕の徹底化）

　コンプライアンスとは、「法律や規則などのルールに従って活動を行うこと」を意味する。近年において企業では極めて重要視されてきている言葉である。企業内で働いている社員は、自分でも判らないうちに法律違反をしてしまっている可能性がある。それゆえ、企業によっては、社内に法務コンプライアンス部、又はコンプライアンス統括部というような部門を置いて当該対策及び社員教育に力を入れている[48]。

　私的独占違反行為に対する公正取引委員会の対策として、独占禁止法コンプライアンス・プログラム[49]というものがある。公正取引委員会は、市場における公正な競争を促進させる為に、独占禁止法による取り締まり行うとともに、企業内における独占禁止法コンプライアンス・システムの向上に対する支援を重要な施策の一つとして推進している。また、公正取引委員会が掲げる「企業における独占禁止法コンプライアンスに関する取組状況」については、下記のような取り組みが掲げられている。

まず、「実効性のある独占禁止法コンプライアンスに向けて」として下記の①〜③を挙げている。

①独占禁止法コンプライアンスに関する取組を推進することで、独占禁止法違反によるリスクを管理下に置くことが可能。

②独占禁止法コンプライアンスを単なる「法令遵守ツール」ではなく、「リスク管理・回避ツール」として戦略的に位置付けて活用すべき。

③独占禁止法コンプライアンスは「企業価値の維持・向上ツール」としても機能し得る。

次に、「独占禁止法コンプライアンス・プログラムの実効性を確保するための方策」において、独占禁止法コンプライアンス・プログラムに組み込むことが不可欠だとして、下記の①〜③を挙げている。

①研修等による未然防止
②監査等による確認と早期発見
③危機管理

4-2　当該対策②(リニエンシー制度〔課徴金減免制度〕の活用)

リニエンシー制度の申請をするかしないかの問題が重要となってくる。リニエンシー制度とは、法定要件として事業者(企業等)が自己が関与したカルテル・入札談合について、公正取引委員会に当該行為の事実を報告することによって課徴金が減免される制度の事である。詳しくは、本書第7章Ⅰで後述する。

註

1　公正取引委員会パンフレット「知ってなっとく独占禁止法」〈http://www.jftc.go.jp/houdou/panfu.files/dokkinpamph130606.pdf〉(平成26年1月20日最終閲覧)。

2　独禁法第2条5項「この法律において『私的独占』とは、事業者が、単独に、又は他の事業者と結合し、若しくは通謀し、その他いかなる方法をもつてするかを問わず、他の事業者の事業活動を排除し、又は支配することにより、公共の利益

に反して、一定の取引分野における競争を実質的に制限することをいう。」。

3 独禁法第 3 条「事業者は、私的独占又は不当な取引制限をしてはならない。」。
4 白石忠志『独独占禁止法』（有斐閣、第 2 版、2009）289 頁。
5 主要な排除型私的独占の事件として、雪印乳業・農林中金事件、三共ほか 10 名事件、ぱちんこ機製造特許プール事件、有線ブロードネットワークス事件、インテル事件、ニプロ事件、エム・ディ・エス・ノーディオン事件、北海道新聞事件などがある。
6 公正取引委員会「排除型私的独占に係る独占禁止法上の指針（平成 21 年 10 月 28 日）」〈http://www.jftc.go.jp/dk/guideline/unyoukijun/haijyogata.html〉（平成 26 年 1 月 20 日最終閲覧）。
7 金井ほか編『独占禁止法』（弘文堂、第 2 版補正版、2008）138 頁。
8 根岸哲＝舟山正之『独占禁止法概説』（有斐閣、第 3 版、2006）75 頁。
9 今村ほか編・注解経済法（上巻）（青林書院、第 1 版、1985）50 頁。
10 実方謙二『独占禁止法』（有斐閣、第 1 版、1987）65 頁。
11 主要な支配型私的独占の事件として、野田醬油事件などがある。
12 東京高判昭 32 年 12 月 25 日。
13 青山義之「東洋製缶株式会社に係る私的独占事件（下）」公正取引 266 号（1972）31 頁。
14 松山隆英「医療用食品分野における私的独占事件」公正取引 550 号（1996）20 頁。
15 東京高判昭 32 年 12 月 25 日。
16 支配（行為）の具体的態様としては、①株式保有・役員兼任などの手段による支配（直接支配）と②取引上の優越的な地位を利用することによる支配（間接支配）が挙げられる。
17 詳しくは、公正取引委員会「企業コンプライアンス[参考資料]（平成 24 年 11 月 28 日）」〈https://www.jftc.go.jp/dk/konpura.files/12112801sankou.pdf〉に詳細な解説がある。
18 道垣内弘人『プレップ法学を学ぶ前に』（弘文堂、第 1 版、2010）73 頁。
19 最判平元年 12 月 14 日。
20 東京高判平 13 年 2 月 16 日。
21 公取委審判審決昭 54 年 9 月 19 日。
22 最判平 10 年 12 月 18 日。
23 白石忠志『独占禁止法』（有斐閣、第 2 版、2009）289 頁。
24 公正取引委員会「排除型私的独占に係る独占禁止法上の指針（平成 21 年 10 月 28 日）」〈http://www.jftc.go.jp/dk/guideline/unyoukijun/haijyogata.html〉（平成 26 年 1 月 20 日最終閲覧）。
25 金井ほか編『独占禁止法』（弘文堂、第 2 版補正版、2008）138 頁。

26 根岸哲＝舟山正之『独占禁止法概説』（有斐閣、第3版、2006）75頁。
27 今村ほか編・注解経済法（上巻）（青林書院、第1版、1985）50頁。
28 実方謙二『独占禁止法』（有斐閣、第1版、1987）65頁。
29 東京高判昭和32年12月25日。
30 青山義之「東洋製缶株式会社に係る私的独占事件（下）」公正取引266号（1972）31頁。
31 松山隆英「医療用食品分野における私的独占事件」公正取引550号（1996）20頁。
32 東京高判昭和32年12月25日。
33 最判決昭和59年2月24日。
34 既に「一定の取引分野における競争の実質的制限」については、Hi-Lawyer308号（2013年12月号）118頁以下に詳細な解説がある。再掲するならば、「競争の実質的制限」の解釈については「競争を実質的に制限するとは、競争自体が減少して、特定の事業者又は事業者団体がその意思で、ある程度自由に、価格、品質、数量、その他各般の条件を左右することによって、市場を支配することができる状態をもたらすことをいう」［900頁］（東京高判昭和28年12月7日・高裁民集6巻13号868頁）という定義が有名である。
35 東京高裁判平成5年12月14日。
36 社会保険庁のシールの発注に関して落札業者・仕事業者・原反業者を経て製造され、社会保険庁に納入されるあいだの一通りの取引において、社会保険庁から仕事業者に至るまでのあいだの受注・販売に関する取引を「一定の取引分野」として把握すべきものであり当該談合・合意によって当該取引分野における競争が実質的に制限されたというものである。
37 「企業結合審査に関する独占禁止法の運用指針」（公正取引委員会）〈http://www.jftc.go.jp/dk/kiketsu/guideline/guideline/shishin01.html〉（2015年5月27日現在）。
38 東京高裁判昭和55年9月26日。
39 本件は、沖縄県を除く日本国における全体としての石油製品市場において、元売業者間の一般内需用各石油製品の販売競争機能を減退させ、有効な競争を期待することがほとんど不可能な状態をもたらすような記取引分野において、元売業者間における一般内需用石油製品の販売競争の競争機能を減退させ、競争を実質的に制限したものである。この件において競争の実質的制限とは、「一定の取引分野における競争を全体として見て、その取引分野における有効な競争を期待することがほとんど不可能な状態をもたらすこと」と解されている。
40 本件は、共同して豆腐類の卸売価格を引き上げることにより、高松市旧市内における豆腐類製造販売業者の豆腐類の卸売価格の引上げをもたらし、カルテルの成立を認めた事例である。

41 公取委昭和 43 年 11 月 29 日勧告審決。
42 東京高裁判決昭和 26 年 9 月 19 日。
43 最判決平成 24 年 2 月 20 日。
44 この市場シェアが最も重視されており、これに関連して市場における順位や業界における競争状況等も考慮され目安になるが、様々な見解がある。
45 業界における競争者の数や規模、業界自体の成長性、技術革新の動向、従前からの競争状況の有無、競争者の供給余力、商品や役務の代替性や効率性、新規参入の難易、業界の閉鎖性の有無と程度等が考慮される。
46 輸入の有無や類似隣接市場からの競争圧力等も考慮されることがある。
47 前掲、注 17 参照。
48 前掲、注 18 参照。
49 前掲、注 17 参照。

参照条文

独占禁止法の条文（今回の該当範囲条文）

【第 2 条［定義］】（抜粋）
この法律において「事業者」とは、商業、工業、金融業その他の事業を行う者をいう。事業者の利益のためにする行為を行う役員、従業員、代理人その他の者は、次項又は第 3 章の規定の適用については、これを事業者とみなす。

（第 5 項）この法律において「私的独占」とは、事業者が、単独に、又は他の事業者と結合し、若しくは通謀し、その他いかなる方法をもつてするかを問わず、他の事業者の事業活動を排除し、又は支配することにより、公共の利益に反して、一定の取引分野における競争を実質的に制限することをいう。

【第 3 条［私的独占又は不当な取引制限の禁止］】
　事業者は、私的独占又は不当な取引制限をしてはならない。

【第7条〔排除措置〕】
第3条又は前条の規定に違反する行為があるときは、公正取引委員会は、第8章第2節に規定する手続に従い、事業者に対し、当該行為の差止め、事業の一部の譲渡その他これらの規定に違反する行為を排除するために必要な措置を命ずることができる。

【第7条の2〔排除措置〕】
(2項) 前項の規定は、事業者が、私的独占（他の事業者の事業活動を支配することによるものに限る。）で、当該他の事業者（以下この項において「被支配事業者」という。）が供給する商品又は役務について、次の各号のいずれかに該当するものをした場合に準用する。この場合において、前項中「当該商品又は役務の政令で定める方法により算定した売上額（当該行為が商品又は役務の供給を受けることに係るものである場合は、当該商品又は役務の政令で定める方法により算定した購入額）」とあるのは「当該事業者が被支配事業者に供給した当該商品又は役務（当該被支配事業者が当該行為に係る一定の取引分野において当該商品又は役務を供給するために必要な商品又は役務を含む。）及び当該一定の取引分野において当該事業者が供給した当該商品又は役務（当該被支配事業者に供給したものを除く。）の政令で定める方法により算定した売上額」と、「（小売業については100分の3、卸売業については100分の2とする。）」とあるのは「（当該事業者が小売業を営む場合は100分の3、卸売業を営む場合は100分の2とする。）」と読み替えるものとする。
一　その対価に係るもの、二　次のいずれかを実質的に制限することによりその対価に影響することとなるもの、イ　供給量、ロ　市場占有率、ハ　取引の相手方。
(第4項) 事業者が、私的独占（他の事業者の事業活動を排除することによるものに限り、第2項の規定に該当するものを除く。）をしたときは、公正取引委員会は、第8章第2節に規定する手続に従い、当該事業者に対し、当該行為をした日から当該行為がなくなる日までの期間（当該期間が3年を超えるときは、当該行為がなくなる日からさかのぼつて3年間とする。第27項において「違反行為期間」という。）における、当該行為に係る一定の取引分野において当該事業者が供給した商

品又は役務（当該一定の取引分野において商品又は役務を供給する他の事業者に供給したものを除く。）及び当該一定の取引分野において当該商品又は役務を供給する他の事業者に当該事業者が供給した当該商品又は役務（当該一定の取引分野において当該商品又は役務を供給する当該他の事業者が当該商品又は役務を供給するために必要な商品又は役務を含む。）の政令で定める方法により算定した売上額に100分の6（当該事業者が小売業を営む場合は100分の2、卸売業を営む場合は100分の1とする。）を乗じて得た額に相当する額の課徴金を国庫に納付することを命じなければならない。ただし、その額が100万円未満であるときは、その納付を命ずることができない。

【第20条〔排除措置〕】
前条の規定に違反する行為があるときは、公正取引委員会は、第八章第二節に規定する手続に従い、事業者に対し、当該行為の差止め、契約条項の削除その他当該行為を排除するために必要な措置を命ずることができる。
②第7条第2項の規定は、前条の規定に違反する行為に準用する。

【第24条〔差止請求〕】
第8条第5号又は第19条の規定に違反する行為によつてその利益を侵害され、又は侵害されるおそれがある者は、これにより著しい損害を生じ、又は生ずるおそれがあるときは、その利益を侵害する事業者若しくは事業者団体又は侵害するおそれがある事業者若しくは事業者団体に対し、その侵害の停止又は予防を請求することができる。

【第25条〔無過失損害賠償責任〕〔⇒民法第709条（損害賠償請求）〕】
第3条、第6条又は第19条の規定に違反する行為をした事業者（第6条の規定に違反する行為をした事業者にあつては、当該国際的協定又は国際的契約において、不当な取引制限をし、又は不公正な取引方法を自ら用いた事業者に限る。）及び第八条の規定に違反する行為をした事業者団体は、被害者に対し、損害賠償の責めに任ずる。

(2) 事業者及び事業者団体は、故意又は過失がなかつたことを証明して、前項に規定する責任を免れることができない。

【第89条〔(私的独占、不当な取引制限、事業者団体による競争の実質的制限の罪)〕】
次の各号のいずれかに該当するものは、5年以下の懲役又は500万円以下の罰金に処する。
一　第3条の規定に違反して私的独占又は不当な取引制限をした者、二　第8条第1号の規定に違反して一定の取引分野における競争を実質的に制限したもの
(2)　前項の未遂罪は、罰する。

【第95条〔両罰規定〕】
法人の代表者又は法人若しくは人の代理人、使用人その他の従業者が、その法人又は人の業務又は財産に関して、次の各号に掲げる規定の違反行為をしたときは、行為者を罰するほか、その法人又は人に対しても、当該各号に定める罰金刑を科する。

第6章
景品表示法コンプライアンス・プログラム創設の必要性

I　景品表示法コンプライアンスにおける諸問題

　近年、企業内における社員の法令遵守（コンプライアンス）指導及び教育の必要性が重要視されてきている。特に、市場を介して営利を目的として経済活動をする企業にとっては、社会法に分類される経済法、特にその中でも独占禁止法におけるコンプライアンスの周知徹底指導（教育）が企業の社会的な命運を分けるまでの存在となっている。

　それゆえ、当該企業が市場経済活動するにおいて、独占禁止法の問題に差し迫った際には、弁護士や法務部門（社内弁護士〔インハウス〕、担当者含む）の手腕が要求される。ここでは、不当景品類及び不当表示防止法（景品表示法）上の三本柱である私的独占問題の事例を中心として挙げながら、当該企業が景品表示法コンプライアンスをもとに、今後どう取り組んでいくべきかということを考察する。

II　企業における景品表示法違反事例 [1]

　企業における景品表示法違反等の事例は公正取引委員会及び消費者庁のホームページで挙げられているものだけでも相当数ある。2012（平成24）年度～2017（平成29）年度までの間に公表された「排除措置命令等」に関する事例としては、以下のものがある。

2017（平成29）年

〈6月28日〉株式会社ビーラインに対する景品表示法に基づく措置命令について

〈6月8日〉株式会社ナイスリフォームに対する景品表示法に基づく措置命令について

〈5月12日〉コスモ石油販売株式会社に対する景品表示法に基づく措置命令について

〈3月8日〉株式会社布屋商店に対する景品表示法に基づく措置命令について

〈2月2日〉株式会社Xena（ジーナ）に対する景品表示法に基づく措置命令について

2016（平成28）年

〈12月21日〉イズミヤ株式会社及び株式会社牛肉商但馬屋に対する景品表示法に基づく措置命令について

〈9月1日〉株式会社オークローンマーケティングに対する景品表示法に基づく措置命令について

〈3月30日〉株式会社えがおに対する景品表示法に基づく措置命令について

〈3月10日〉株式会社村田園に対する景品表示法に基づく措置命令について

2015（平成27）年

〈12月11日〉株式会社ダスキンに対する景品表示法に基づく措置命令について

〈12月3日〉源平製薬株式会社に対する景品表示法に基づく措置命令について

〈11月10日〉株式会社日本イルムスに対する景品表示法に基づく措置命令について

〈5月1日〉株式会社オートアクションに対する景品表示法に基づく措置命令について

〈3月20日〉株式会社キャリアカレッジジャパンに対する景品表示法に基づく措置命令について
〈2月24日〉有限会社湯迫温泉に対する景品表示法に基づく措置命令について

2014（平成26）年
〈11月26日〉株式会社ジャストライトに対する景品表示法に基づく措置命令について
〈10月23日〉株式会社豆千待月に対する景品表示法に基づく措置命令について
〈9月19日〉株式会社ハーブ健康本舗に対する景品表示法に基づく措置命令について
〈7月24日〉有限会社ミート伊藤に対する景品表示法に基づく措置命令について
〈5月20日〉株式会社進学会に対する景品表示法に基づく措置命令について
〈5月1日〉株式会社エム・エイチ・シーに対する景品表示法に基づく措置命令について
〈3月20日〉株式会社くるまや・LeOに対する景品表示法に基づく措置命令について
〈1月28日〉株式会社シニアに対する景品表示法に基づく措置命令について
〈1月21日〉株式会社きむらに対する景品表示法に基づく措置命令について

2013（平成25）年
〈6月4日〉株式会社グランドホテル樋口軒及び有限会社まむし温泉に対する景品表示法に基づく措置命令について
〈10月31日〉株式会社川島に対する景品表示法に基づく措置命令について
〈12月10日〉株式会社大雄振興公社に対する景品表示法に基づく措置命令について
〈8月29日〉有限会社ビートレードに対する景品表示法に基づく措置命令に

ついて
〈3月4日〉株式会社ハヤシに対する景品表示法に基づく措置命令について

2012（平成24）年
〈10月18日〉株式会社ホテル椿館に対する景品表示法に基づく措置命令について
〈9月28日〉有限会社藤原アイスクリーム工場に対する景品表示法に基づく措置命令について
〈9月10日〉株式会社アビバに対する景品表示法に基づく措置命令について
〈9月6日〉冷却ベルト販売業者に対する景品表示法に基づく措置命令について
〈6月28日〉株式会社クリスタルジャポン及び株式会社コアクエストに対する景品表示法に基づく措置命令について
〈6月14日〉一般照明用電球形LEDランプ販売業者12社に対する景品表示法に基づく措置命令について

Ⅲ 景品表示法コンプライアンス・プログラム創設の必要性について

1 はじめに

　ここでは、「景品表示法コンプライアンス・プログラム創設の必要性」を究明し、最終的には、その創設に至る手引きを提言する事を目的としている。
　経済法の中でも独占禁止法に続いて今後ますます重要になってくるであろう、景品表示法コンプライアンス・プログラムの創設の必要性について考察するものである。
　さらに、「景品表示法コンプライアンス・プログラム創設の必要性」を究明し、その創設に至る手引きを示す考察を行う事が研究目的である。
　近年、事業者である企業の法令遵守意識の低迷をうけて、公正取引委員会

が独占禁止法コンプライアンス・プログラムに取り組み始めた。もともと、今回の主法である景品表示法も以前は公正取引委員会の管轄であったが、その後、消費者庁に移管されたことに伴い、その移管整備及び取り組みが遅れており、そのため、経済法全体においても、コンプライアンス・プログラムへの取り組みは近いうちに行われると予想される。

過日（2014〔平成26〕年10月24日）、景品表示法の改正法案（第187回国会〔臨時会〕提出法案）が閣議決定され、現在においては一部導入されていることからも、今後における景品表示法に関する取り組みの重要性が理解され得る。その影響により、企業内における社員の法令遵守（コンプライアンス）指導及び教育の必要性が重要視されてきている。

2 本書テーマの独創性・必要性について（図表6-1）

まず、学術的な特色・独創的な点としては、前述したように独占禁止法においてはコンプライアンス・プログラムという取り組みがあるのに対して、景品表示法においては未だ、誰も景品表示法コンプライアンス・プログラム創設の必要性について言及及び提唱していない点が挙げられる。

図表6-1　本書の独創性・必要性について

独創性

・独占禁止法においてはコンプライアンス・プログラムという取り組みがあるのに対して景品表示法においては、未だ景品表示法コンプライアンス・プログラム創設の必要性については言及及び提唱していない点が当研究の特色、独創的な点である。

必要性

・消費者庁の管轄する景品表示法においても近いうちに必ず企業における法令遵守に関する取り組みが重要視され行われることが予想される。
・上記の取り組みの先駆けとして、2014年10月24日に景品表示法の改正法案（第187回国会（臨時会）提出法案）が閣議決定〔不当な表示を防止するために課徴金制度（独占禁止法に追従）を導入〕[2]されたことからも、今後における景品表示法に関する取り組みの重要性が理解され得る。

（出所）筆者作成

次に、必要性（予想される結果と意義）としては、消費者庁の管轄する景品表示法においても、近いうちに必ず企業における法令遵守に関する取り組みが重要視され行われることが予想される。

3 市場における競争活動の構造（社会法からの側面）

戦後、社会法分野の法律が整備されるに伴い、市場で経済活動を行っている企業に対して規制（取り締まり）をする役割を経済法は担っている。

特に経済法の中でも、独占禁止法（公正取引委員会の管轄）や景品表示法（消費者庁の管轄）は取り分け重要な役割を市場において果たしている。元来、市場の中で事業活動を行っている企業の最終目的は企業価値の最大化である（図表6-2）。そして、法令違反が企業価値の最大化をもたらすときに、企業は度々法令違反をすることがある。

独占禁止法を例にすれば、公正取引委員会は「私的独占」、「不当な取引制

図表6-2　市場における競争活動の構造

企業の最終目的	
企業価値の最大化（市場における経済活動）	

企業の法令違反行為	
法令違反 ⇒ 利益が増加	法令遵守 ⇒ 利益が減少

公取委・消費者庁の規制	
ガイドライン等	独禁法、景品表示法、下請法（課徴金・排除措置）

法令遵守の指導・教育（コンプライアンス・プログラム）	
独禁法（公取委）[現行]	景表法（[公取委]・消費者庁）[未整備]

（出所）筆者作成

図表6-3　経済法［社会法分野］

独占禁止法	景品表示法	下請法
・私的独占の禁止 ・不当な取引制限の禁止 ・不公正な取引方法の禁止⇒一般指定条項「不当な顧客誘引」（第9項）に該当するが「景表法」が優先する。	・不当な表示の禁止 ・過大な景品類の提供の禁止 ・（H26改正）⇒課徴金制度の導入。	・親事業者には同法で掲げる11項目の禁止事項が課せられている。

（出所）筆者作成

限」、「不公正な取引方法」に事業者である企業が違反しないようにガイドラインや法令を掲げて監視をしているが、市場内で活動をしている企業の独占禁止法違反行為が未だに後を絶たず行われているのが現状である。

しかし一方では、同じ経済法の中でも「景品表示法」の場合には、この取り組みが未だ本格的には行われてはいないのが実状（現実）である。

景品表示法の場合には、消費者庁が「不当な景品類」、「不当な表示」を事業者である企業が提供して違反をしないかガイドラインを掲げて監視をしている。それでもなお、食品偽装などの社会を賑わすような違反行為が度々行われているケースが後を絶たない。

4 景品表示法コンプライアンス・プログラム創設（作成）の必要性

そもそも、コンプライアンス・プログラムに関しては、様々な視点からその重要性（あるべき姿）を考察することができる。本書においては、（a）「法令遵守」及び（b）「企業倫理」という2つの側面を中心として、上記プログラムの重要性を論じることにする。

まず、（a）法令遵守（現行法令）及び社内規則（社則・就業規則等）の側面からは、次に掲げる①～③までの「企業内における社員教育」が重要視されている。
①社員等の不祥事
②損害の軽減

③法務部門の徹底化

次に、(b) 企業倫理の側面からは、次に掲げる「リテラシー教育」が重要視されている。
①各部門 (業種・分野) リテラシー教育 (就職前の教育・研究機関等含む)
②社会に旅立つ上での企業倫理や法令遵守の徹底化 (就職前の教育・研究機関等含む)

上記の (a) 及び (b) に掲げた側面を景品表示法コンプライアンス・プログラムを創設する際に必要な構成要件 (関連性) の位置付けに照らし合わせてみると、図表6-4にある「矢印」部分が見えてくる。このそれぞれ相互が重なる中心部分を全て踏まえた上での景品表示法コンプライアンス・プログラムの創設 (作成) が望ましいと考える。

5 本章の目的

本章の目的は、(a)「景品表示法コンプライアンス・プログラム創設の必要性」を究明し、(b) その創設に至る手引き及び素案を作成するための調査研究を行う事が目的である。図表6-5は、「企業と公正取引委員会・消費者庁との連携を描いた構造図」を示している。

図表6-4　関連性

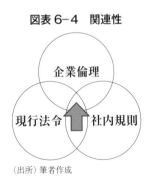

(出所) 筆者作成

図表6-5 景品表示法コンプライアンス・プログラム [相互関係]

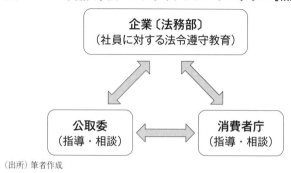

(出所) 筆者作成

6 コンプライアンスとは（根源・歴史）

6-1 コンプライアンスの意味・語源

まず、コンプライアンスという言葉において一般的な訳として広まっているものとしては、「法令遵守」という訳がある。しかし、本来の起源の意味を取り入れると「社会的要請の実現」という訳が最も適訳ではないであろうかと考える。

元々、ラテン語（根源）では、「compleo」という言葉が「compliance」の言葉の語源であるといわれている。それゆえ、根源であるラテン語の派生としては、「compleo=com（強調）」＋「pleo（動詞）の形容詞形（plenus（満たされた））」が合わさって出来た言葉であるとされている。一般には、コンプライアンス（英語:Compliance）という言葉は、英語においては、動詞で「Comply（応じる・従う・守る）」を意味している。

現在、法務関係において広範に用いられている「法令遵守」という用語もラテン語の起源の本来の意味である「完全に満たす」を基準として「法令を完全に満たす」というように解釈をされて用いられていると想定しうる。

6-2 コンプライアンス・プログラムとは

近年、その重要性が認識されてきている「コンプライアンス・プログラム」

とは、「企業が法令を遵守する為のリスクマネージメント対策（排除措置命令、課徴金、損害賠償の予防）」のことである。

つまり、社内における規程（きてい）ないし計画のことであり、
①社内の独占禁止法遵守の基本方針の表明
②独占禁止法の周知
③各担当部署の行動基準［マニュアル］
④法令遵守の責任部署の設置
を公正取引委員会など各関連省庁と相談しながら作成し、それを実施することを言う。

7　企業倫理とは

7-1　企業倫理の意味・語源

まず、「企業倫理」という言葉は元々、ラテン語の「Moral（モラル：道徳）」と限りなく同義として定義付けられている。また、その起源（根源）は、ギリシャ語の「ethike［エシックス］（習慣）」であるといわれている。

現在、企業（会社）において広範に用いられている「企業倫理」という用語もその意味で「習慣」を基として「企業における道徳」というように解釈をされて用いられていると想定しうる。

7-2　企業倫理とは

近年、度重なる社員や企業自体による倫理の欠如により社会をにぎわす問題が騒がれてきており、企業倫理というものの重要性が認識されるようになった。「企業倫理」とは、「現行法などには明記されておらず、社会を構成する企業としては守らなくてはいけない企業内独自で定められたもの」のことである。そのほとんどが、実際の業務において、自律的な判断に委ねられている。その自律的な判断を自己の中で如何に判断していくかが企業の命題となる。また、企業自体による独自の社内教育が必要とされる。

元来、企業の最終目的は「営利」を追求し自社を継続していくことにある。それゆえ、「利益の追求」（会社の存続）と「社会貢献」（地域住民貢献）のどち

らを優先させるかという選択をせざるを得ないという状況に日々さらされる。もちろん、企業等が災害（天災・人災）にあった場合、その復旧させる過程で、①「利益の追求」（会社の存続）である「下請け会社や納入先等に生産財である商品の納入の早期回復・維持、生産財の早急なレーンの復旧（供給）」を優先させるか、②「社会貢献」（地域住民貢献）である「環境改善・消火活動・近隣住民の保障」を優先させるかで、世間における当該企業自体の評価にも影響をすることになる。

8 企業倫理の必要性

8-1 企業倫理の2つの側面

企業倫理に関しては、以下の2つの側面（a）及び（b）に大別することができる。

（a）大学教育（基礎・専門ゼミ等）からの側面（事前教育）
①各種倫理（リテラシー）
②就職活動（面接対策）
③自主創造（自ら考え、自ら学び、自ら道を拓く精神、自分から積極的に他の社会に関わっていく活力ある人間を育成）
④FD（ファカルティ・ディベロップメント）教育

（b）社会人教育（社員研修等）からの側面
①社員のモラル
②社員のマナー
③法令違反対策
④コーポレート・ガバナンス
⑤企業の不祥事（事前予防）

8-2 企業倫理の必要性が問われることとなった事例及び当該対策

代表的な事例として、「出光興産北海道製油所における地震によるタンク火災」が挙げられる。これは、「利益の追求」と「社会貢献」のうち前者を

優先した事例である。このような事例に対する代表的な対策として、以下のものが挙げられる。
①自社史による教育
②創設者の会社立ち上げにおける運営方針（方向性：カラー）
③コーポレートガバナンス（大塚家具、サムスン等）

9 都道府県・公正取引委員会・消費者庁・民間企業による当該違反行為に対する対策

9-1 関連省庁

関連省庁の対策として、以下のものが挙げられる。
①景品表示法などによる対策
・排除措置（命令）［第6条］（消費者庁長官）⇒罰金刑
・指示［第7条］（都道府県知事）⇒注意
・課徴金（納付命令）［第8条］
②独占禁止法コンプライアンス・プログラム（図表6-6を参照）
※独占禁止法コンプライアンス・プログラムは、「景品表示法コンプライアンス・プログラム」を準用できると考える。景品表示法においても近年「課徴金制度（リニエンシーシステム）」が取り入れられており、準用しても特に問題はないと考えている。

9-2 企業［企業内罰則、労働法等］

企業の対策として、以下のものが挙げられる。
・就業規則
・社則
・内規

10 今後の課題（私見）

戦後、社会法分野の法律が整備されるに伴い、経済法は市場で経済活動を行っている企業に対して規制（取り締まり）をする役割を担っている。経済法

図表 6-6　独占禁止法コンプライアンス・プログラムの概要

実効性のある独占禁止法コンプライアンスに向けて（50ページ）

- 独占禁止法コンプライアンスに関する取組を推進することで、独占禁止法違反によるリスクを管理下に置くことが可能。独占禁止法コンプライアンスを単なる「法令遵守ツール」ではなく、「リスク管理・回避ツール」として戦略的に位置付けて活用すべき。
- 独占禁止法コンプライアンスは「企業価値の維持・向上ツール」としても機能し得る。
- 独占禁止法違反行為の、①研修等（Kenshu）による未然防止、②監査等（Kansa）による確認と早期発見、③危機管理（Kikikanri）【3つのK】を独占禁止法コンプライアンス・プログラムに組み込むことが不可欠

独占禁止法コンプライアンス・プログラムの実効性を確保するための方策

Kenshu　研修等による未然防止
- 独占禁止法コンプライアンス・マニュアルの策定
- 社内研修の実施
- 法務相談体制の整備
- 社内懲戒ルールの整備
- 同業他社との接触ルールの策定

Kansa　監査等による確認と早期発見
- 独占禁止法監査の実施
- 内部通報制度の整備
- 社内リニエンシー

Kikikanri　危機管理
- 経営トップのイニシアティブによる迅速な対応と的確な意思決定
- 課徴金減免制度等の積極的活用
- 有事対処マニュアルの事前整備
- 的確な社内調査の実施

- 経営トップのコミットメントとイニシアティブ
- 実情に応じた独占禁止法コンプライアンス・プログラムの構築
- 独占禁止法法務・コンプライアンス担当部署と実施体制の整備
- 企業グループとしての一体的な取組

……独占禁止法コンプライアンス・プログラム全般……

（出所）公正取引委員会ホームページ（独占禁止法「企業コンプライアンス」）
「企業における独占禁止法コンプライアンスに関する取組状況について」
〈http://www.jftc.go.jp/dk/konpura.files/12112801honbun_2.pdf〉

の中でも、独占禁止法（公正取引委員会の管轄）や景品表示法（消費者庁の管轄）は取り分け重要な役割を市場において果たしている。　通常、市場の中で事業活動を行っている企業の最終目的は営利を目的として活動を行っているために、度々法律違反をすることがある。独占禁止法の場合には、公正取引委員会が「私的独占」、「不当な取引制限」、「不公正な取引方法」に事業者である企業が違反しないようにガイドラインを掲げて監視をしている。しかし、市場内で活動をしている企業の独占禁止法違反行為が未だに行われている現状を考慮して、近年では公正取引委員会が企業に対して「独占禁止法コンプライアンス・プログラム」という企業内における法令遵守向上のための重要な施策に取り組んでいる。一方では、同じ経済法の中でも景品表示法の場合には、この取り組みが未だ行われてはいない。景品表示法の場合には、消費者庁が「不当な景品類」、「不当な表示」を事業者である企業が提供して違反をしないかガイドラインを掲げて監視をしている。それでもなお、食品偽装などの違反行為が度々行われているのが現状である。

　また、今後の企業における景品表示法コンプライアンスの取り組みとしては、①コンプライアンス（法令遵守）及び企業倫理の徹底化、②課徴金減免制度（案）の活用の２つが考えられる。

　まず、①コンプライアンスとは、「法律や規則などのルールに従って活動を行うこと」を意味する。近年において企業では極めて重要視されてきている言葉である。企業内で働いている社員は、自分でも判らないうちに法律違反をしてしまっている可能性がある。それゆえ、企業によっては、企業内にコンプライアンスに関する部門を置いて当該対策（法令遵守）及び社員教育（企業倫理）に力を入れている[3]。

　次に②課徴金減額制度とは、企業（事業者）が自ら関与した入札談合やカルテルを公正取引委員会に報告し、法定要件に該当した場合には、課徴金が減額される制度のことである。もともと、景品表示法も以前は公正取引委員会の管轄であったが、ここ最近で消費者庁に移管されたことに伴い、その移管整備及び取り組みが遅れており、消費者庁の管轄する景品表示法においても近いうちに必ず企業における法令遵守に関する取り組みが重要視され行わ

れることが予想される。その対策の先駆けとして、先日（2014〔平成26〕年10月24日）、景品表示法の改正法案（第187回国会〔臨時会〕提出法案）が閣議決定されたことからも、今後における景品表示法に関する取り組みの重要性が理解され得る。そのため、経済法全体において、コンプライアンス・プログラムの取り組みは近いうちに行われると予想される。

　従って、近い将来においては、「景品表示法コンプライアンス・プログラム」の創設が必要であると考える。また、当該企業が市場経済活動するにおいて、景品表示法の問題に差し迫った際には、弁護士や法務部門（社内弁〔インハウス〕、担当者）の方々の手腕が要求される。

註

1　詳しくは、公正取引委員会ホームページ「報道発表資料」（http://www.jftc.go.jp/houdou/pressrelease/index.html、2016年2月29現在）、「景品表示法」及び「景品表示法（違反事件関係）」参照。

2　参考資料の出所：内閣府「景品表示法における不当表示に係る課徴金制度等に関する専門調査会」（平成25年8月20日）〈http://www.cao.go.jp/consumer/kabusoshiki/kachoukin/〉、及び消費者庁「不当景品類及び不当表示防止法の一部を改正する法律案概要」（平成25年8月20日）〈http://www.caa.go.jp/planning/pdf/141024-0.pdf〉。

3　道垣内弘人『プレップ法学を学ぶ前に』（弘文堂、第1版、2010）73頁。

第7章
法令遵守及び企業倫理

I　課徴金とリニエンシー制度の役割について

　先の第5章**V**-**3**-1でも掲げたように、関連省庁（公正取引委員会、消費者庁等）は、企業による市場の独占行為やカルテルなどを取り締まる役割を担っており、事業者が私的独占の禁止に違反すると、その制裁として独占禁止法に基づき、①排除措置（独禁法第7条）を命ずることができる。2009（平成21）年6月に独占禁止法の改正法（平成21年法律第51号）が成立したことにより、既存の支配型私的独占に加えて排除型私的独占についても、当該規定に基づき、ケースによっては、②課徴金（独禁法第7の2第2項及び第4項）の納付を命じることができるようになった。③私的独占を行った者及び法人に対しては罰則（独禁法第89条及び第95条）が定められており、私的独占により損害を被った被害者がいる場合は、同被害者に対し損害賠償をしなければならない（独禁法第25条）。無論、民法における不法行為（第709条）の要件を満たす場合は、不法行為に基づく損害賠償責任を負うことになる。

　その一方で、カルテル等の早期発見、解明を目的としてリニエンシー制度を導入している。

　リニエンシー制度（課徴金減免制度）とは、企業（事業者）が自ら関与した入札談合やカルテルを公正取引委員会に報告し、法定要件に該当した場合には、課徴金が減免又は減額される制度のことである。

　公正取引委員会が違反行為を発見し、その調査開始日前の場合には、

1番目の申告者は「全額免除（100％）」
　　2番目の申告者は「50％減額」
　　3番目の申告者は「30％減額」
となる。
　公正取引委員会の調査開始以後の場合には、一律30％減額となる。
　今後ますます、企業における社員の法令遵守（コンプライアンス）指導及び教育対策が重要となってきており、社内弁護士及び法務部門を設置している企業にとっては、当該担当部門の手腕が期待される。

Ⅱ　持続可能性社会における経済法の今後の展望

　昨今、多くの日本企業が各国当局から法令違反行為を摘発され、法令違反行為に対する制裁の大きさや解決の困難さ、影響の長期化に悩まされている。特に、2015（平成27）年2月時点で、アメリカにおいて高額の罰金を支払った（支払いに合意した）企業50社のうち、日本企業は22社にも上っており、ひとたび法令違反行為による制裁を受けると会社の存亡にかかる問題となりかねない。また、マスコミ等のメディアによる報道は会社の信用問題となり、失われる企業価値は計り知れない。
　そのため、公正取引委員会は、企業における社内教育に協働・協力すべく、独占禁止法コンプライアンス・プログラムの創設を提唱するようになった。経済法全体においても同じように、今後早急にコンプライアンス・プログラムの創設及び教育を協働で行える体制を整備する必要があろう。
　市場経済のグローバル化に伴い、多くの日本企業や外国企業が世界へ進出するようになった。企業による市場競争が国際化するにあたって、今後は、各国の企業が公正な競争を行うことができるための世界共通のルールとなる法規範をつくることが求められる。そして、その共通ルールとなるものが、まさに独占禁止法である。

巻末資料1　独占禁止法及び景品表示法の改正の歴史

(出所)「国立国会図書館・日本法令索引データベース」
　　〈http://hourei.ndl.go.jp/SearchSys/index.jsp〉、〈http://hourei.ndl.go.jp/SearchSys/viewEnkaku.do?i=1hiiNtllQDWZrn10eYxW%2BQ%3D%3D〉

1 独占禁止法の沿革

　独占禁止法は、戦後しばらくして1947(昭和22)年7月に施行された。その後、高度経済成長期及びバブル期を経て、現在に至るまで社会情勢の変化に伴って、数多くの強化・改正が行われてきている。以下、独占禁止法の沿革を挙げる。

【法令沿革一覧】
私的独占の禁止及び公正取引の確保に関する法律（昭和22年4月14日法律第54号）被改正法令　審議経過

〔通称：独占禁止法、独禁法〕
〔分類：産業一般／独占禁止・公正取引、行政一般／内閣府／行政組織・通則〕

改正　昭和22年7月31日号外法律第91号〔第1次改正〕　被改正法令　審議経過
改正　昭和22年12月17日法律第195号〔法務庁設置に伴う法令の整理に関する法律第13条による改正〕　被改正法令　審議経過
改正　昭和23年8月1日号外法律第207号〔工業技術庁設置法附則第14条によ

る改正〕　被改正法令　審議経過

改正　昭和23年12月23日号外法律第268号〔特別職の職員の俸給等に関する法律附則第10条による改正〕　被改正法令　審議経過

改正　昭和24年5月24日号外法律第103号〔通商産業省設置法の施行に伴う関係法令の整理等に関する法律第12条による改正〕　被改正法令　審議経過

改正　昭和24年5月31日号外法律第134号〔総理府設置法の制定等に伴う関係法令の整理等に関する法律第6条による改正〕　被改正法令　審議経過

改正　昭和24年6月18日号外法律第214号〔第2次改正〕　被改正法令　審議経過

改正　昭和26年6月2日号外法律第192号〔有価証券の処分の調整等に関する法律の廃止に関する法律附則第6項による改正〕　被改正法令　審議経過

改正　昭和26年6月8日法律第211号〔商法の一部を改正する法律の施行に伴う関係法律の整理等に関する法律第10条による改正〕　被改正法令　審議経過

改正　昭和26年7月10日政令第261号〔持株会社整理委員会令の廃止に関する政令附則第5項による改正〕　被改正法令　審議経過

改正　昭和27年7月31日号外法律第257号〔第3次改正〕　被改正法令　審議経過

改正　昭和27年7月31日号外法律第268号〔法務府設置法等の一部を改正する法律第37条による改正〕　被改正法令　審議経過

改正　昭和28年9月1日法律第259号〔第4次改正〕　被改正法令　審議経過

改正　昭和29年5月27日法律第127号〔民事訴訟法等の一部を改正する法律第3条による改正〕　被改正法令　審議経過

改正　昭和31年6月1日法律第120号〔下請代金支払遅延等防止法附則第2項による改正〕　被改正法令　審議経過

改正　昭和31年6月6日法律第134号〔公共企業体職員等共済組合法附則第49条による改正〕　被改正法令　審議経過

改正　昭和32年5月28日法律第142号〔東北興業株式会社法の一部を改正する法律附則第12項による改正〕　被改正法令　審議経過

改正　昭和32年11月25日号外法律第187号〔中小企業団体の組織に関する法

律の施行に伴う関係法律の整理等に関する法律第7条による改正〕　被改正法令　審議経過

改正　昭和34年4月13日号外法律第129号〔特許法等の施行に伴う関係法令の整理に関する法律第4条による改正〕　被改正法令　審議経過

改正　昭和36年6月2日法律第111号〔国家行政組織法等の一部を改正する法律第3条による改正〕　被改正法令　審議経過

改正　昭和37年5月15日法律第134号〔不当景品類及び不当表示防止法附則第3項による改正〕　被改正法令　審議経過

改正　昭和37年5月16日法律第140号〔行政事件訴訟法の施行に伴う関係法律の整理等に関する法律第3条による改正〕　被改正法令　審議経過

改正　昭和37年9月8日号外法律第152号〔地方公務員共済組合法附則第49条による改正〕　被改正法令　審議経過

改正　昭和37年9月15日号外法律第161号〔行政不服審査法の施行に伴う関係法律の整理等に関する法律第7条による改正〕　被改正法令　審議経過

改正　昭和38年3月30日号外法律第53号〔第5次改正〕　被改正法令　審議経過

改正　昭和39年3月27日法律第12号〔第6次改正〕　被改正法令　審議経過

改正　昭和39年7月6日法律第152号〔地方公務員共済組合法等の一部を改正する法律附則第34条による改正〕　被改正法令　審議経過

改正　昭和40年9月1日法律第143号〔第7次改正〕　被改正法令　審議経過

改正　昭和41年3月31日号外法律第25号〔第8次改正〕　被改正法令　審議経過

改正　昭和41年7月1日号外法律第111号〔執行官法附則第24条による改正〕　被改正法令　審議経過

改正　昭和42年6月2日号外法律第31号〔第9次改正〕　被改正法令　審議経過

改正　昭和44年5月16日号外法律第33号〔行政機関の職員の定員に関する法律附則第8項による改正〕　被改正法令　審議経過

改正　昭和49年4月2日号外法律第23号〔商法の一部を改正する法律等の施行

に伴う関係法律の整理等に関する法律第11条による改正〕　被改正法令　審議経過

改正　昭和52年6月3日法律第63号〔第10次改正〕　被改正法令　審議経過

改正　昭和53年5月1日号外法律第36号〔森林組合法附則第15条による改正〕　被改正法令　審議経過

改正　昭和56年6月9日号外法律第75号〔商法等の一部を改正する法律の施行に伴う関係法律の整理等に関する法律第7条による改正〕　被改正法令　審議経過

改正　昭和57年7月23日号外法律第69号〔行政事務の簡素合理化に伴う関係法律の整理及び適用対象の消滅等による法律の廃止に関する法律第1条による改正〕　被改正法令　審議経過

改正　昭和57年8月24日法律第83号〔民事訴訟法及び民事調停法の一部を改正する法律附則第3条による改正〕　被改正法令　審議経過

改正　昭和58年12月2日号外法律第78号〔国家行政組織法の一部を改正する法律の施行に伴う関係法律の整理等に関する法律第2・第109条による改正〕　被改正法令　審議経過

改正　昭和58年12月3日号外法律第82号〔国家公務員及び公共企業体職員に係る共済組合制度の統合等を図るための国家公務員共済組合法等の一部を改正する法律附則第40条による改正〕　被改正法令　審議経過

改正　昭和61年4月18日法律第25号〔東北開発株式会社法を廃止する法律附則第6条による改正〕　被改正法令　審議経過

改正　昭和61年12月4日号外法律第93号〔日本国有鉄道改革法等施行法第62条による改正〕　被改正法令　審議経過

改正　平成2年6月29日号外法律第65号〔商法等の一部を改正する法律の施行に伴う関係法律の整備に関する法律第11条による改正〕　被改正法令　審議経過

改正　平成3年4月26日号外法律第42号〔第11次改正〕　被改正法令　審議経過

改正　平成4年6月26日号外法律第87号〔金融制度及び証券取引制度の改革の

ための関係法律の整備等に関する法律附則第35条による改正〕　被改正法令　審議経過

改正　平成4年12月16日号外法律第107号〔第12次改正〕　被改正法令　審議経過

改正　平成5年11月12日号外法律第89号〔行政手続法の施行に伴う関係法律の整備に関する法律第1条による改正〕　被改正法令　審議経過

改正　平成8年6月14日号外法律第82号〔厚生年金保険法等の一部を改正する法律附則第133条による改正〕　被改正法令　審議経過

改正　平成8年6月14日号外法律第83号〔第13次改正〕　被改正法令　審議経過

改正　平成8年6月21日号外法律第95号〔金融機関の更生手続の特例等に関する法律附則第5条による改正〕　被改正法令　審議経過

改正　平成8年6月26日号外法律第110号〔民事訴訟法の施行に伴う関係法律の整備等に関する法律第11条による改正〕　被改正法令　審議経過

改正　平成9年6月18日号外法律第87号〔第14次改正〕　被改正法令　審議経過

改正　平成9年6月20日号外法律第102号〔金融監督庁設置法の施行に伴う関係法律の整備に関する法律第12条による改正〕　被改正法令　審議経過

改正　平成9年12月12日号外法律第120号〔持株会社の設立等の禁止の解除に伴う金融関係法律の整備等に関する法律附則第2条による改正〕　被改正法令　審議経過

改正　平成10年5月29日号外法律第81号〔第15次改正〕　被改正法令　審議経過

改正　平成10年6月3日号外法律第90号〔中小企業等投資事業有限責任組合契約に関する法律附則第2条による改正〕　被改正法令　審議経過

改正　平成10年6月15日号外法律第107号〔金融システム改革のための関係法律の整備等に関する法律附則第148条による改正〕　被改正法令　審議経過

改正　平成10年10月16日号外法律第131号〔金融再生委員会設置法の施行に伴う関係法律の整備に関する法律第11条による改正〕　被改正法令　審議経過

改正　平成11年6月23日号外法律第80号〔私的独占の禁止及び公正取引の確保に関する法律の適用除外制度の整理等に関する法律第1条による改正〕　被改正法令　審議経過

改正　平成11年7月16日号外法律第102号〔中央省庁等改革のための国の行政組織関係法律の整備等に関する法律第32条による改正〕　被改正法令　審議経過

改正　平成11年7月16日号外法律第104号〔独立行政法人通則法の施行に伴う関係法律の整備に関する法律附則第7条による改正〕　被改正法令　審議経過

改正　平成11年8月13日号外法律第125号〔商法等の一部を改正する法律附則第8条による改正〕　被改正法令　審議経過

改正　平成11年12月3日号外法律第146号〔中小企業基本法等の一部を改正する法律第3条による改正〕　被改正法令　審議経過

改正　平成11年12月8日号外法律第151号〔民法の一部を改正する法律の施行に伴う関係法律の整備等に関する法律第17条による改正〕　被改正法令　審議経過

改正　平成11年12月22日号外法律第160号〔中央省庁等改革関係法施行法第12・第172条による改正〕　被改正法令　審議経過

改正　平成12年5月19日号外法律第76号〔第16次改正〕　被改正法令　審議経過

改正　平成12年5月31日号外法律第91号〔商法等の一部を改正する法律の施行に伴う関係法律の整備に関する法律第9条による改正〕　被改正法令　審議経過

改正　平成12年5月31日号外法律第92号〔保険業法及び金融機関等の更生手続の特例等に関する法律の一部を改正する法律附則第18条による改正〕　被改正法令　審議経過

改正　平成12年5月31日号外法律第96号〔証券取引法及び金融先物取引法の一部を改正する法律附則第14条による改正〕　被改正法令　審議経過

改正　平成13年6月8日号外法律第41号〔弁護士法の一部を改正する法律附則第5条による改正〕　被改正法令　審議経過

| 改正 | 平成 13 年 6 月 29 日号外法律第 80 号〔商法等の一部を改正する等の法律の施行に伴う関係法律の整備に関する法律第 8 条による改正〕　被改正法令　審議経過
| 改正 | 平成 13 年 11 月 28 日号外法律第 129 号〔商法等の一部を改正する法律の施行に伴う関係法律の整備に関する法律第 14 条による改正〕　被改正法令　審議経過
| 改正 | 平成 14 年 5 月 29 日号外法律第 45 号〔商法等の一部を改正する法律の施行に伴う関係法律の整備に関する法律第 4 条による改正〕　被改正法令　審議経過
| 改正 | 平成 14 年 5 月 29 日号外法律第 47 号〔第 17 次改正〕　被改正法令　審議経過
| 改正 | 平成 14 年 6 月 12 日号外法律第 65 号〔証券決済制度等の改革による証券市場の整備のための関係法律の整備等に関する法律附則第 13 条による改正〕　被改正法令　審議経過
| 改正 | 平成 14 年 7 月 31 日号外法律第 98 号〔日本郵政公社法施行法第 36 条による改正〕　被改正法令　審議経過
| 改正 | 平成 14 年 12 月 13 日号外法律第 152 号〔行政手続等における情報通信の技術の利用に関する法律の施行に伴う関係法律の整備等に関する法律第 7 条による改正〕　被改正法令　審議経過
| 改正 | 平成 15 年 4 月 9 日号外法律第 23 号〔公正取引委員会を内閣府の外局に移行させるための関係法律の整備に関する法律第 1 条による改正〕　被改正法令　審議経過
| 改正 | 平成 15 年 5 月 30 日号外法律第 54 号〔証券取引法等の一部を改正する法律附則第 9 条による改正〕　被改正法令　審議経過
| 改正 | 平成 15 年 7 月 16 日号外法律第 119 号〔地方独立行政法人法の施行に伴う関係法律の整備等に関する法律附則第 7 条による改正〕　被改正法令　審議経過
| 改正 | 平成 16 年 4 月 21 日号外法律第 34 号〔中小企業等投資事業有限責任組合契約に関する法律の一部を改正する法律附則第 3 条による改正〕　被改正法令

審議経過

改正　平成 16 年 6 月 2 日号外法律第 76 号〔破産法の施行に伴う関係法律の整備等に関する法律第 12 条による改正〕　被改正法令　審議経過

改正　平成 16 年 6 月 9 日号外法律第 88 号〔株式等の取引に係る決済の合理化を図るための社債等の振替に関する法律等の一部を改正する法律附則第 52 条による改正・註この一部改正規定は、平成 17 年 4 月 27 日号外法律第 35 号附則第 23 条及び平成 17 年 7 月 26 日号外法律第 87 号第 242 条により一部改正された〕　被改正法令　審議経過

改正　平成 16 年 12 月 10 日号外法律第 165 号〔日本郵政公社による証券投資信託の受益証券の募集の取扱い等のための日本郵政公社の業務の特例等に関する法律附則第 4 条による改正〕　被改正法令　審議経過

改正　平成 17 年 4 月 27 日号外法律第 35 号〔第 18 次改正〕　被改正法令　審議経過

改正　平成 17 年 5 月 2 日号外法律第 38 号〔保険業法等の一部を改正する法律附則第 20 条による改正〕　被改正法令　審議経過

改正　平成 17 年 7 月 26 日号外法律第 87 号〔会社法の施行に伴う関係法律の整備等に関する法律第 171・第 242 条による改正〕　被改正法令　審議経過

改正　平成 17 年 10 月 21 日号外法律第 102 号〔郵政民営化法等の施行に伴う関係法律の整備等に関する法律第 124 条による改正〕　被改正法令　審議経過

改正　平成 18 年 6 月 14 日号外法律第 66 号〔証券取引法等の一部を改正する法律の施行に伴う関係法律の整備等に関する法律第 124 条による改正〕　被改正法令　審議経過

改正　平成 18 年 12 月 15 日号外法律第 109 号〔信託法の施行に伴う関係法律の整備等に関する法律第 17 条による改正〕　被改正法令　審議経過

改正　平成 21 年 6 月 10 日号外法律第 51 号〔第 19 次改正〕　被改正法令　審議経過

改正　平成 22 年 11 月 19 日号外法律第 51 号〔保険業法等の一部を改正する法律の一部を改正する法律による改正〕　被改正法令　審議経過

改正　平成 23 年 5 月 25 日号外法律第 53 号〔非訟事件手続法及び家事事件手続法

の施行に伴う関係法律の整備等に関する法律第24条による改正〕　被改正法令　審議経過

改正　平成23年6月24日号外法律第74号〔情報処理の高度化等に対処するための刑法等の一部を改正する法律附則第32条による改正〕　被改正法令　審議経過

改正　平成24年3月31日号外法律第23号〔保険業法等の一部を改正する法律第2条による改正〕　被改正法令　審議経過

改正　平成24年6月27日号外法律第42号〔国有林野の有する公益的機能の維持増進を図るための国有林野の管理経営に関する法律等の一部を改正する等の法律附則第15条による改正〕　被改正法令　審議経過

改正　平成25年12月13日号外法律第100号〔第20次改正〕　被改正法令　審議経過

改正　平成26年6月13日号外法律第67号〔独立行政法人通則法の一部を改正する法律の施行に伴う関係法律の整備に関する法律第22条による改正〕　被改正法令　審議経過

改正　平成26年6月13日号外法律第69号〔行政不服審査法の施行に伴う関係法律の整備等に関する法律第13条による改正〕　被改正法令　審議経過

改正　平成28年12月16日号外法律第108号〔環太平洋パートナーシップ協定の締結に伴う関係法律の整備に関する法律1条による改正〕　被改正法令　審議経過

2　近年の独占禁止法における重要な改正

近年における重要な改正としては、平成21年度改正と平成25年改正が有名である。

・**平成21年改正**（改正法は、同年6月3日に参議院本会議で可決・成立し、同月10日に官報で公布された。）

改正の主な点としては、
- (1) 課徴金の適用範囲を拡大する等の課徴金制度の見直し
- (2) 不当な取引制限等の罪に対する懲役刑の上限の引上げ（3年→5年）
- (3) 企業結合規制の見直し（株式取得に係る事前届出制の導入、届出基準の見直し）

というものである。

・平成25年改正（同年12月7日に参議院本会議で可決・成立し、同月13日に官報で公布）

改正の主な点としては、
- (1) 公正取引委員会が行う審判制度を廃止するとともに、審決に係る抗告訴訟の第一審裁判権が東京高等裁判所に属するとの規定を廃止する。
- (2) 裁判所における専門性の確保等を図る観点から、排除措置命令等に係る抗告訴訟については、東京地方裁判所の専属管轄とするとともに、東京地方裁判所においては、3人又は5人の裁判官の合議体により審理及び裁判を行うこととする。
- (3) 適正手続の確保の観点から、排除措置命令等に係る意見聴取手続について、予定される排除措置命令の内容等の説明、証拠の閲覧・謄写に係る規定等の整備を行う。

というものである。

今後も独占禁止法は、社会の発展や状況に伴い、適宜改正される方向に向かっている。

3 景品表示法の沿革

景品表示法は、近年の食品偽装や過大広告などの増加により、厳格化され

てきている。以下、景品表示法の沿革を挙げる。

【法令沿革一覧】
不当景品類及び不当表示防止法（昭和37年5月15日法律第134号）被改正法令　審議経過

〔通称：景品表示法、不当景表法、不当景品表示法、景表法〕
〔分類：産業一般／独占禁止・公正取引、産業一般／消費者／表示〕

改正　昭和47年5月30日法律第44号〔第1次改正〕　被改正法令　審議経過

改正　平成5年11月12日号外法律第89号〔行政手続法の施行に伴う関係法律の整備に関する法律第2条による改正〕　被改正法令　審議経過

改正　平成11年7月16日号外法律第87号〔地方分権の推進を図るための関係法律の整備等に関する法律第8条による改正〕　被改正法令　審議経過

改正　平成12年5月19日号外法律第76号〔私的独占の禁止及び公正取引の確保に関する法律の一部を改正する法律附則第3条による改正〕　被改正法令　審議経過

改正　平成15年5月23日号外法律第45号〔第2次改正〕　被改正法令　審議経過

改正　平成17年4月27日号外法律第35号〔私的独占の禁止及び公正取引の確保に関する法律の一部を改正する法律附則第21条による改正〕　被改正法令　審議経過

改正　平成20年5月2日号外法律第29号〔消費者契約法等の一部を改正する法律第3条による改正〕　被改正法令　審議経過

改正　平成21年6月5日号外法律第49号〔消費者庁及び消費者委員会設置法の施行に伴う関係法律の整備に関する法律第12条による改正〕　被改正法令　審議経過

改正　平成25年12月13日号外法律第100号〔私的独占の禁止及び公正取引の

確保に関する法律の一部を改正する法律附則第22条による改正〕　被改正法令　審議経過

改正　平成26年6月13日号外法律第69号〔行政不服審査法の施行に伴う関係法律の整備等に関する法律第28条による改正〕　被改正法令　審議経過

改正　平成26年6月13日号外法律第71号〔不当景品類及び不当表示防止法等の一部を改正する等の法律第1条による改正〕　被改正法令　審議経過

改正　平成26年11月27日号外法律第118号〔第3次改正〕　被改正法令　審議経過

巻末資料2　独占禁止法の排除措置命令・警告及び審判・審決関係一覧

（出所）公正取引委員会 HP「独占禁止法（排除措置命令・警告等）」（報道発表資料）
　　〈http://www.jftc.go.jp/houdou/pressrelease/dksochi/index.html〉、〈https://www.jftc.go.jp/houdou/pressrelease/shinpan/index.html〉

1　独占禁止法（排除措置命令・警告等）

2017（平成29）年

〈6月30日〉北海道電力株式会社に対する警告について

〈6月1日〉アマゾンジャパン合同会社に対する独占禁止法違反被疑事件の処理について

〈3月29日〉土佐あき農業協同組合に対する排除措置命令について

〈3月15日〉欧州国債の取引を行う事業者に対する警告について

〈3月13日〉壁紙の販売業者に対する排除措置命令及び課徴金納付命令について

〈3月10日〉防衛装備庁が発注するビニロン又は難燃ビニロンを材料として使用する繊維製品の入札参加業者に対する排除措置命令及び課徴金納付命令について

〈2月16日〉地方公共団体等が宮城県又は福島県の区域を施工場所として発注する施設園芸用施設の建設工事の工事業者に対する排除措置命令、課徴金納付命令等について

〈2月15日〉中部電力株式会社が発注するハイブリッド光通信装置及び伝送路用装置の製造販売業者に対する排除措置命令及び課徴金納付命令について

〈2月2日〉消防救急デジタル無線機器の製造販売業者に対する排除措置命令及び課徴金納付命令について

2016（平成28）年
〈12月15日〉東日本高速道路株式会社東北支社が発注する東日本大震災に係る舗装災害復旧工事の入札参加業者に対する課徴金納付命令に係る課徴金の一部を控除する決定等について
〈11月18日〉ワン・ブルー・エルエルシーに対する独占禁止法違反事件の処理について
〈9月21日〉東日本高速道路株式会社関東支社が発注する東日本大震災に係る舗装災害復旧工事の入札参加業者に対する排除措置命令及び課徴金納付命令について
〈9月6日〉東日本高速道路株式会社東北支社が発注する東日本大震災に係る舗装災害復旧工事の入札参加業者に対する排除措置命令及び課徴金納付命令について
〈7月12日〉東京電力が発注する電力保安通信用機器の製造販売業者に対する排除措置命令及び課徴金納付命令について
〈7月6日〉義務教育諸学校で使用する教科書の発行者に対する警告等について
〈6月15日〉コールマンジャパン株式会社に対する排除措置命令について
〈3月29日〉アルミ電解コンデンサ及びタンタル電解コンデンサの製造販売業者らに対する排除措置命令及び課徴金納付命令について
〈2月29日〉東日本高速道路株式会社東北支社が発注する東日本大震災に係る舗装災害復旧工事の入札談合に係る告発について
〈2月10日〉農業協同組合等が北海道の区域において発注する穀物の乾燥・調製・貯蔵施設等の製造請負工事等の施工業者に対する排除措置命令及び課徴金納付命令について
〈2月5日〉東北地区、新潟地区及び北陸地区の地方公共団体が発注するポリ塩化アルミニウムの製造販売業者に対する排除措置命令及び課徴金納付

命令について

2015（平成27）年

〈12月24日〉愛知県常滑市において給油所を運営する石油製品小売業者に対する警告について

〈10月9日〉独立行政法人鉄道建設・運輸施設整備支援機構が発注する北陸新幹線消融雪設備工事の入札参加業者らに対する排除措置命令及び課徴金納付命令について

〈6月30日〉西日本私立小学校連合会、京都私立小学校連合会、大阪府私立小学校連合会及び兵庫県私立小学校連合会に対する警告等について

〈4月15日〉東京湾水先区水先人会に対する排除措置命令について

〈4月15日〉伊勢三河湾水先区水先人会に対する排除措置命令について

〈3月26日〉農業協同組合等が発注する穀物の乾燥・調製・貯蔵施設及び精米施設の製造請負工事等の施工業者に対する排除措置命令、課徴金納付命令等について

〈2月27日〉岡山県北生コンクリート協同組合に対する排除措置命令について

〈1月20日〉北海道に所在する農業協同組合等が発注する低温空調設備工事の工事業者に対する排除措置命令、課徴金納付命令等について

〈1月16日〉福井県経済農業協同組合連合会に対する排除措置命令等について

〈1月14日〉網走管内コンクリート製品協同組合に対する排除措置命令及び同組合の構成事業者に対する課徴金納付命令について

2014（平成26）年

〈9月11日〉山形県庄内地区に所在する農業協同組合に対する警告等について

〈9月9日〉鋼球の製造業者に対する排除措置命令及び課徴金納付命令について

〈6月19日〉東日本地区に交渉担当部署を有する需要者向け段ボールシート又は段ボールケースの製造業者及び大口需要者向け段ボールケースの製造業者に対する排除措置命令、課徴金納付命令等について

〈6月5日〉ダイレックス株式会社に対する排除措置命令及び課徴金納付命令について

〈3月19日〉独立行政法人鉄道建設・運輸施設整備支援機構に対する改善措置要求等について

〈3月18日〉自動車運送業務を行う船舶運航事業者に対する排除措置命令、課徴金納付命令等について

〈3月4日〉独立行政法人鉄道建設・運輸施設整備支援機構が発注する北陸新幹線融雪・消雪基地機械設備工事の入札談合に係る告発について

〈2月27日〉一般社団法人吉川松伏医師会に対する排除措置命令について

〈2月19日〉志賀高原索道協会に対する警告について

〈2月3日〉千葉県が発注する土木一式工事及び舗装工事の入札参加業者に対する排除措置命令及び課徴金納付命令について

〈1月31日〉関西電力株式会社が発注する架空送電工事の工事業者及び地中送電工事の工事業者に対する排除措置命令、課徴金納付命令等について

2013（平成25）年

〈12月20日〉東京電力株式会社が発注する架空送電工事の工事業者及び地中送電ケーブル工事の工事業者に対する排除措置命令、課徴金納付命令等について

〈7月11日〉段ボール用でん粉の製造販売業者に対する排除措置命令及び課徴金納付命令について

〈7月3日〉株式会社ラルズに対する排除措置命令及び課徴金納付命令について

〈6月13日〉異性化糖及び水あめ・ぶどう糖の製造業者らに対する排除措置命令、課徴金納付命令等について

〈4月24日〉林野庁地方森林管理局発注の衛星携帯電話端末の安値入札に係

る独占禁止法違反被疑事件の処理について
〈3月29日〉軸受製造販売業者に対する排除措置命令及び課徴金納付命令について
〈3月22日〉自動車メーカーが発注するヘッドランプ及びリアコンビネーションランプの見積り合わせの参加業者に対する排除措置命令及び課徴金納付命令について
〈1月10日〉福井県の4市において給油所を運営する石油製品小売業者に対する警告等について

2012（平成24）年
〈11月22日〉自動車メーカーが発注する自動車用部品の見積り合わせの参加業者に対する排除措置命令及び課徴金納付命令について
〈10月17日〉国土交通省及び高知県が発注する一般土木工事等の入札参加業者らに対する排除措置命令、課徴金納付命令等について
〈9月24日〉EPSブロックの製造業者及び販売業者に対する排除措置命令及び課徴金納付命令について
〈8月1日〉酒類卸売業者に対する警告等について
〈6月22日〉東京電力株式会社に対する独占禁止法違反被疑事件の処理について
〈6月14日〉紀州田辺梅干協同組合及び紀州みなべ梅干協同組合に対する警告について
〈6月14日〉軸受製造販売業者による価格カルテル事件に係る告発について
〈3月27日〉鹿児島県コンクリート製品協同組合に対する警告について
〈3月2日〉アディダスジャパン株式会社に対する排除措置命令について
〈2月16日〉株式会社エディオンに対する排除措置命令及び課徴金納付命令について
〈1月19日〉自動車メーカーが発注する自動車用ワイヤーハーネス及び同関連製品の見積り合わせの参加業者らに対する排除措置命令及び課徴金納付命令について

2011（平成 23）年

〈12 月 21 日〉新潟市等に所在するタクシー事業者に対する排除措置命令及び課徴金納付命令について

〈12 月 20 日〉LP ガス供給機器の製造業者に対する排除措置命令及び課徴金納付命令について

〈12 月 13 日〉日本トイザらス株式会社に対する排除措置命令及び課徴金納付命令について

〈11 月 14 日〉株式会社ナガタ薬品に対する警告について

〈10 月 6 日〉石川県が発注する土木一式工事及び石川県輪島市が発注する土木一式工事の入札参加業者に対する排除措置命令及び課徴金納付命令について

〈8 月 4 日〉茨城県が発注する土木一式工事及び舗装工事の入札参加業者らに対する排除措置命令、課徴金納付命令等について

〈7 月 22 日〉VVF ケーブルの製造業者及び販売業者に対する排除措置命令及び課徴金納付命令について

〈6 月 24 日〉LP ガス容器の製造業者らに対する排除措置命令、課徴金納付命令等について

〈6 月 22 日〉株式会社山陽マルナカに対する排除措置命令及び課徴金納付命令について

〈6 月 17 日〉国土交通省関東地方整備局及び同近畿地方整備局並びに福島県が発注するプレストレスト・コンクリートによる橋梁の新設工事の入札参加業者に対する課徴金納付命令について

〈6 月 9 日〉株式会社ディー・エヌ・エーに対する排除措置命令について

〈5 月 26 日〉エアセパレートガスの製造業者及び販売業者に対する排除措置命令及び課徴金納付命令について

〈4 月 15 日〉山梨県が峡東地域を施行場所として発注する土木一式工事の入札参加業者に対する排除措置命令及び課徴金納付命令について

〈3 月 3 日〉国土交通省関東地方整備局及び同近畿地方整備局並びに福島県が発注するプレストレスト・コンクリートによる橋梁の新設工事の入札参

加業者に対する課徴金納付命令について
〈1月19日〉事業協同組合群馬県GBX工業会に対する警告について

2 審判・審決関係

2017（平成29）年
〈6月16日〉植野興業株式会社ほか22社に対する審決について（山梨県が塩山地区を施工場所として発注する土木一式工事の入札談合事件）
〈3月31日〉日本精工株式会社に対する審決について（軸受製造販売業者による価格カルテル事件）
〈2月10日〉積水化成品工業株式会社ほか4社に対する審決について（EPSブロックの製造業者及び販売業者による受注調整事件）

2016（平成28）年
〈9月14日〉一般社団法人日本音楽著作権協会による審判請求の取下げについて（音楽著作物の著作権に係る著作権等管理事業者による私的独占事件）
〈4月18日〉加藤化学株式会社に対する審決について（異性化糖及び水あめ・ぶどう糖の製造業者らによる価格カルテル事件）
〈2月25日〉積水化学工業株式会社及び三菱樹脂株式会社に対する審決について（塩化ビニル管及び同継手の製造販売業者による価格カルテル事件）

2015（平成27）年
〈10月2日〉日本エア・リキード株式会社に対する審決について（エアセパレートガスの製造業者及び販売業者による価格カルテル事件）
〈6月4日〉日本トイザらス株式会社に対する審決について（子供・ベビー用品の小売業者による優越的地位の濫用事件）
〈5月29日〉MT映像ディスプレイ株式会社ほか5社に対する審決について（テレビ用ブラウン管の製造販売業者らによる価格カルテル事件）
〈5月26日〉富士電線工業株式会社に対する審決について（VVFケーブルの製

造業者及び販売業者による価格カルテル事件）

〈2月27日〉都タクシー株式会社ほか14社に対する審決について（新潟市等に所在するタクシー事業者による価格カルテル事件）

2014（平成26）年

〈12月12日〉株式会社生田組に対する審決について（国土交通省及び高知県が発注する一般土木工事等の入札談合事件）

〈11月11日〉レンゴー株式会社ほか36社に対する審判開始について（東日本地区に交渉担当部署を有する需要者向け段ボールシート又は段ボールケースの製造業者及び大口需要者向け段ボールケースの製造業者による価格カルテル事件）

〈10月14日〉エア・ウォーター株式会社に対する審決について（エアセパレートガスの製造業者及び販売業者による価格カルテル事件）

〈8月29日〉ダイレックス株式会社に対する審判開始について（優越的地位の濫用事件）

〈6月11日〉株式会社フジクラに対する審決について（自動車メーカーが発注する自動車用ワイヤーハーネス及び同関連製品の見積り合わせの参加業者らによる受注調整事件）

2013（平成25）年

〈11月21日〉エア・ウォーター株式会社に対する審決について（エアセパレートガスの製造業者及び販売業者による価格カルテル事件）

〈11月11日〉王子コーンスターチ株式会社ほか2社に対する審判開始について（段ボール用でん粉の製造販売業者による価格カルテル事件）

〈10月21日〉株式会社ラルズに対する審判開始について（優越的地位の濫用事件）

〈10月18日〉破産者東新タクシー株式会社破産管財人遠藤達雄による審判請求の取下げについて（新潟市等に所在するタクシー事業者による価格カルテル事件）

〈10月11日〉加藤化学株式会社に対する審判開始について（異性化糖及び水あ

め・ぶどう糖の製造業者らによる価格カルテル事件）
〈10月2日〉株式会社松下組及び大東建設株式会社に対する審決について（石川県が発注する土木一式工事及び石川県輪島市が発注する土木一式工事の入札談合事件）
〈7月31日〉シャープ株式会社に対する審決について（TFT液晶ディスプレイモジュールの製造販売業者による価格カルテル事件）
〈7月19日〉NTN株式会社及び日本精工株式会社に対する審判開始について（軸受製造販売業者による価格カルテル事件）
〈7月19日〉株式会社小糸製作所に対する審判開始について（自動車メーカーが発注するヘッドランプ及びリアコンビネーションランプの見積り合わせの参加業者による受注調整事件）
〈5月24日〉株式会社高光建設ほか6社に対する課徴金の納付を命ずる審決等について
〈2月8日〉株式会社生田組に対する審判開始について（国土交通省及び高知県が発注する一般土木工事等の入札談合事件）
〈2月6日〉愛知電線株式会社に対する審決について（VVFケーブルの製造業者及び販売業者による価格カルテル事件）
〈1月23日〉積水化成品工業株式会社ほか4社に対する審判開始について（EPSブロックの製造業者及び販売業者による受注調整事件）

2012（平成24）年

〈11月28日〉株式会社吉孝土建及び真成開発株式会社に対する審決について（川崎市が発注する下水管きょ工事の入札談合事件）
〈9月27日〉オリエンタル白石株式会社に対する課徴金の納付を命ずる審決について（国土交通省関東地方整備局及び同近畿地方整備局並びに福島県が発注するプレストレスト・コンクリートによる橋梁の新設工事の入札談合）
〈6月15日〉日新製鋼株式会社に対する審決について（溶融亜鉛めっき鋼板及び鋼帯の製造販売業者による価格カルテル）
〈6月14日〉一般社団法人日本音楽著作権協会に対する審決について（音楽

〈6月1日〉三菱レイヨン株式会社に対する課徴金の納付を命ずる審決について（塩化ビニル樹脂向けモディファイヤーの価格カルテル）

〈6月1日〉株式会社カネカに対する課徴金の納付を命ずる審決について（塩化ビニル樹脂向けモディファイヤーの価格カルテル）

〈4月27日〉株式会社フジクラに対する審判開始について（自動車メーカーが発注する自動車用ワイヤーハーネス及び同関連製品の見積り合わせの参加業者らによる受注調整事件）

〈4月26日〉株式会社エディオンに対する審判開始について（優越的地位の濫用事件）

〈4月17日〉都タクシー株式会社ほか15社に対する審判開始について（新潟市等に所在するタクシー事業者による価格カルテル事件）

〈4月13日〉日本トイザらス株式会社に対する審判開始について（優越的地位の濫用事件）

〈3月12日〉愛知電線株式会社による審判請求の取下げについて（VVFケーブルの製造業者及び販売業者による価格カルテル事件）

〈3月2日〉破産者株式会社筒井建設破産管財人齋藤祐次郎による審判請求の取下げについて（山梨県が峡東地域を施工場所として発注する土木一式工事の入札談合事件）

〈1月20日〉株式会社松下組及び大東建設株式会社に対する審判開始について（石川県が発注する土木一式工事及び石川県輪島市が発注する土木一式工事の入札談合事件）

2011（平成23）年

〈12月19日〉古河電気工業株式会社及び株式会社フジクラに対する審決について（光ファイバケーブル製品の製造業者による価格カルテル）

〈11月16日〉富士電線工業株式会社及び愛知電線株式会社に対する審判開始について（VVFケーブルの製造業者及び販売業者による価格カルテル事件）

〈10月21日〉株式会社山陽マルナカに対する審判開始について（優越的地位

の濫用事件）

〈10月19日〉西日本鉄道株式会社ほか2社に対する審決について（国際航空貨物利用運送事業者らによる価格カルテル）

〈10月7日〉日本エア・リキード株式会社及びエア・ウォーター株式会社に対する審判開始について（エアセパレートガスの製造業者及び販売業者による価格カルテル事件）

〈9月9日〉更生会社オリエンタル白石株式会社管財人富永宏に対する審判開始決定について（国土交通省関東地方整備局及び同近畿地方整備局並びに福島県が発注するプレストレスト・コンクリートによる橋梁の新設工事の入札談合）

〈7月29日〉植野興業株式会社ほか34社に対する審判開始について（山梨県が峡東地域を施工場所として発注する土木一式工事の入札談合事件）

〈7月8日〉郵船ロジスティクス株式会社に対する審決について（国際航空貨物利用運送事業者らによる価格カルテル）

〈5月12日〉株式会社日新に対する審決について（国際航空貨物利用運送事業者らによる価格カルテル）

〈3月11日〉株式会社クボタに対する審決について（鋼管杭の製造販売業者による価格カルテル）

〈3月9日〉岩手県が発注する建築一式工事の入札参加業者に対する審判開始決定について

〈2月18日〉JX日鉱日石エネルギー株式会社ほか2社に対する課徴金の納付を命ずる審決について（旧防衛庁調達実施本部が発注する石油製品の入札談合）

初出一覧

第1章　書き下ろし

第2章　「独占禁止法における適用除外の性格と範囲」、法学研究年報第32号（133-179頁）、2003年3月21日

第3章　「携帯電話業界におけるMNP制度についての一考察」、法学研究年報第38号（81-113頁）、2008年12月1日

第4章　「コンビニエンスストアにおけるフランチャイズ契約問題についての一考察」、国際総合研究学会学会報第9号（44-61頁）、2013年6月14日

第5章　「独占禁止法コンプライアンスにおける諸問題についての一考察」、国際総合研究学会学会報第11号（35-47頁）、2015年9月30日

第6章　「景品表示法コンプライアンス・プログラム創設の必要性についての一考察」、国際総合研究学会学会報第12号（36-48頁）、2016年3月31日

第7章　書き下ろし

【著者略歴】
山田　朋生（やまだ　ともき）
1975年生まれ。
2000年、明海大学不動産学部卒業。
2002年、日本大学大学院法学研究科博士前期課程修了。修士（法学）。
2007年、日本大学大学院法学研究科博士後期課程単位取得満期退学。
2014年より日本大学工学部助教。
主な業績に、『納税者権利論の課題』（共著、2012年、勁草書房）、『景品・表示の法実務』（共著、2014年、三協法規出版）、『法学（Next 教科書シリーズ）』（共著、弘文堂、2015年）等がある

サステナビリティ社会構築のための経済法
──独占禁止法を中心に

2018年7月31日　第1版第1刷発行　　　　※定価はカバーに
　　　　　　　　　　　　　　　　　　　　　表示してあります。

著　者──山田　朋生

発　行──有限会社　唯学書房
　　　　　〒113-0033　東京都文京区本郷1-28-36 鳳明ビル102A
　　　　　TEL　03-6801-6772　　FAX　03-6801-6210
　　　　　E-mail　yuigaku@atlas.plala.or.jp

発　売──有限会社 アジール・プロダクション

装　幀──鈴木　優子

印刷・製本──モリモト印刷株式会社

Ⓒ Tomoki YAMADA 2018 Printed in Japan
乱丁・落丁はお取り替えいたします。
ISBN 978-4-908407-17-8 C3032